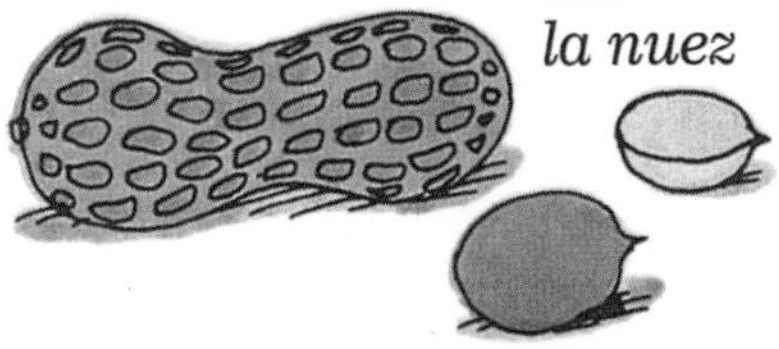

nut
la nuez

owl
el búho

present
el regalo

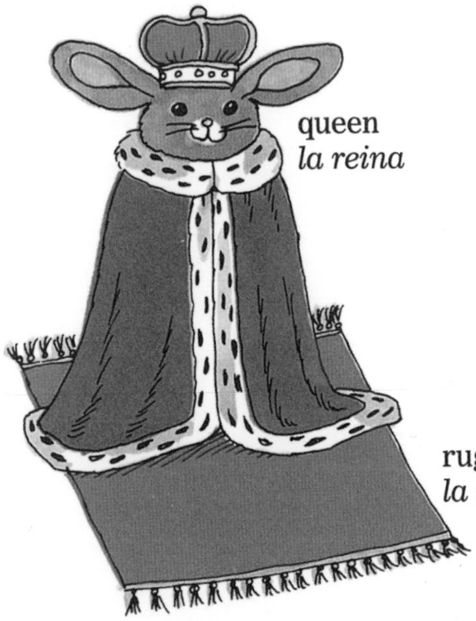

queen
la reina

rug
la alfombra

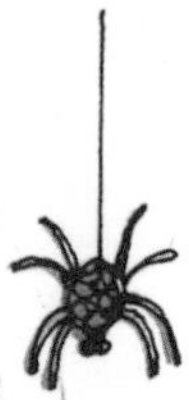

spider
la araña

turtle
la tortuga

umbrella
el paraguas

vase
el florero

walrus
la morsa

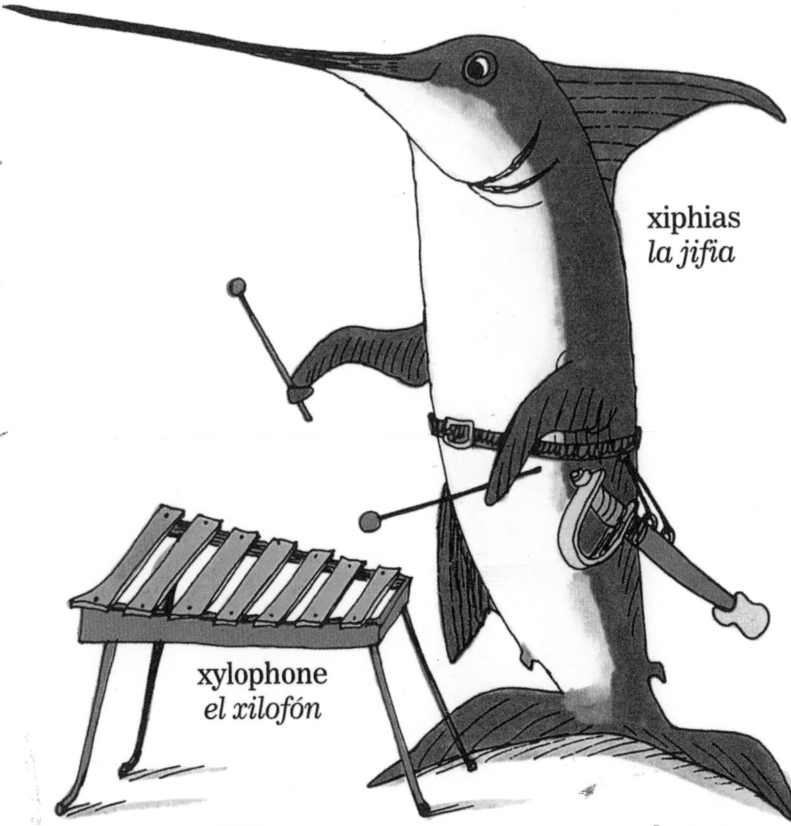

xiphias
la jifia

xylophone
el xilofón

yarn
el hilo

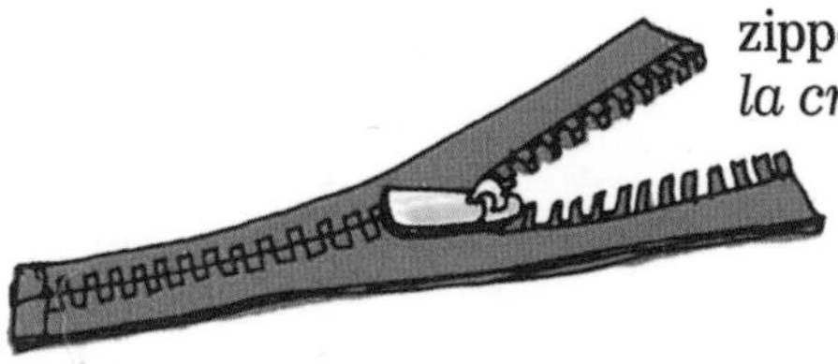

zipper
la cremallera

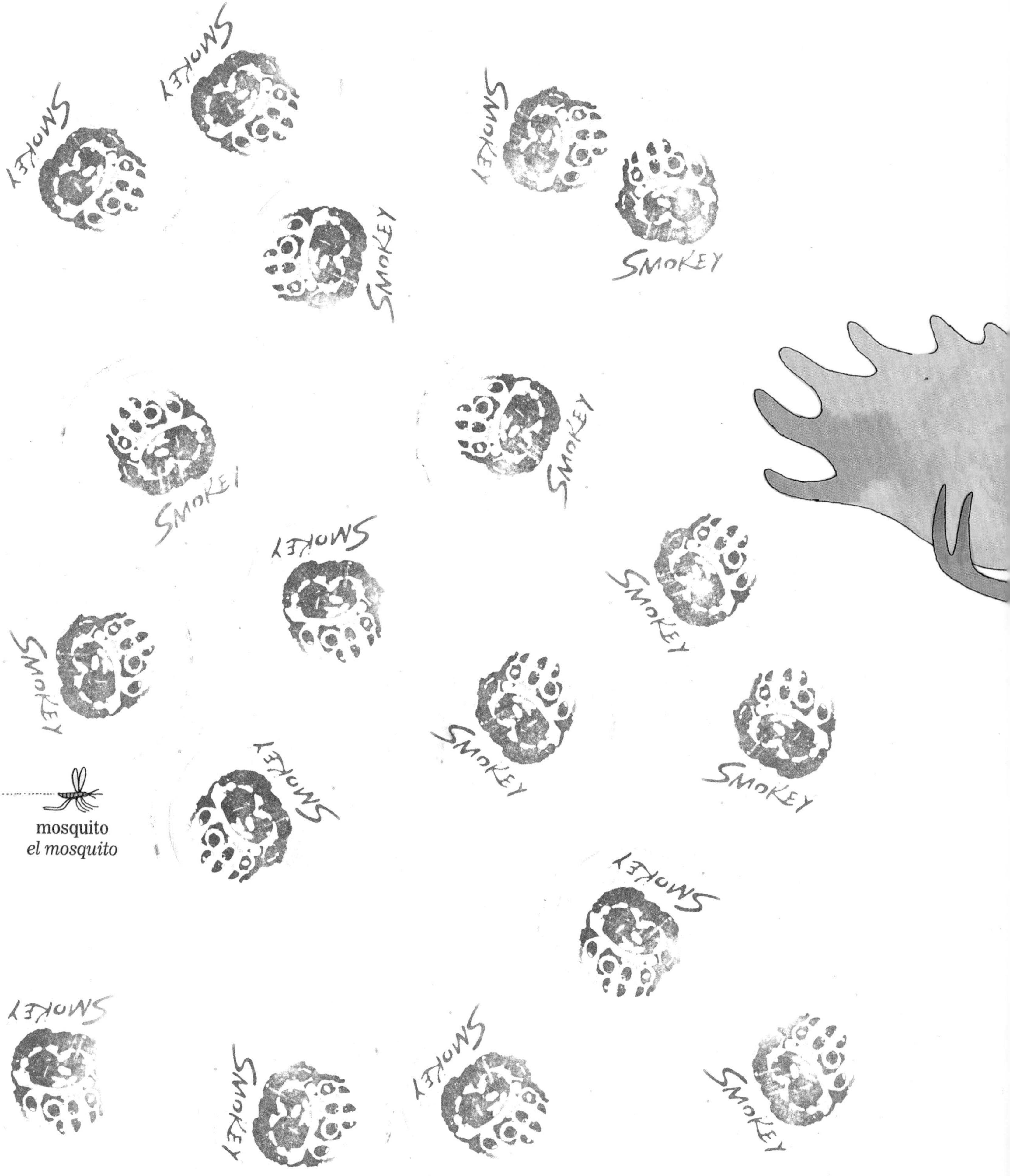
SMOKEY
SMOKEY
SMOKEY
SMOKEY
SMOKEY
SMOKEY
SMOKEY
SMOKEY
SMOKEY
SMOKEY
SMOKEY
SMOKEY
SMOKEY
SMOKEY
SMOKEY
SMOKEY
SMOKEY
SMOKEY
mosquito
el mosquito

Richard Scarry's Best Word Book Ever

El mejor libro de palabras de Richard Scarry

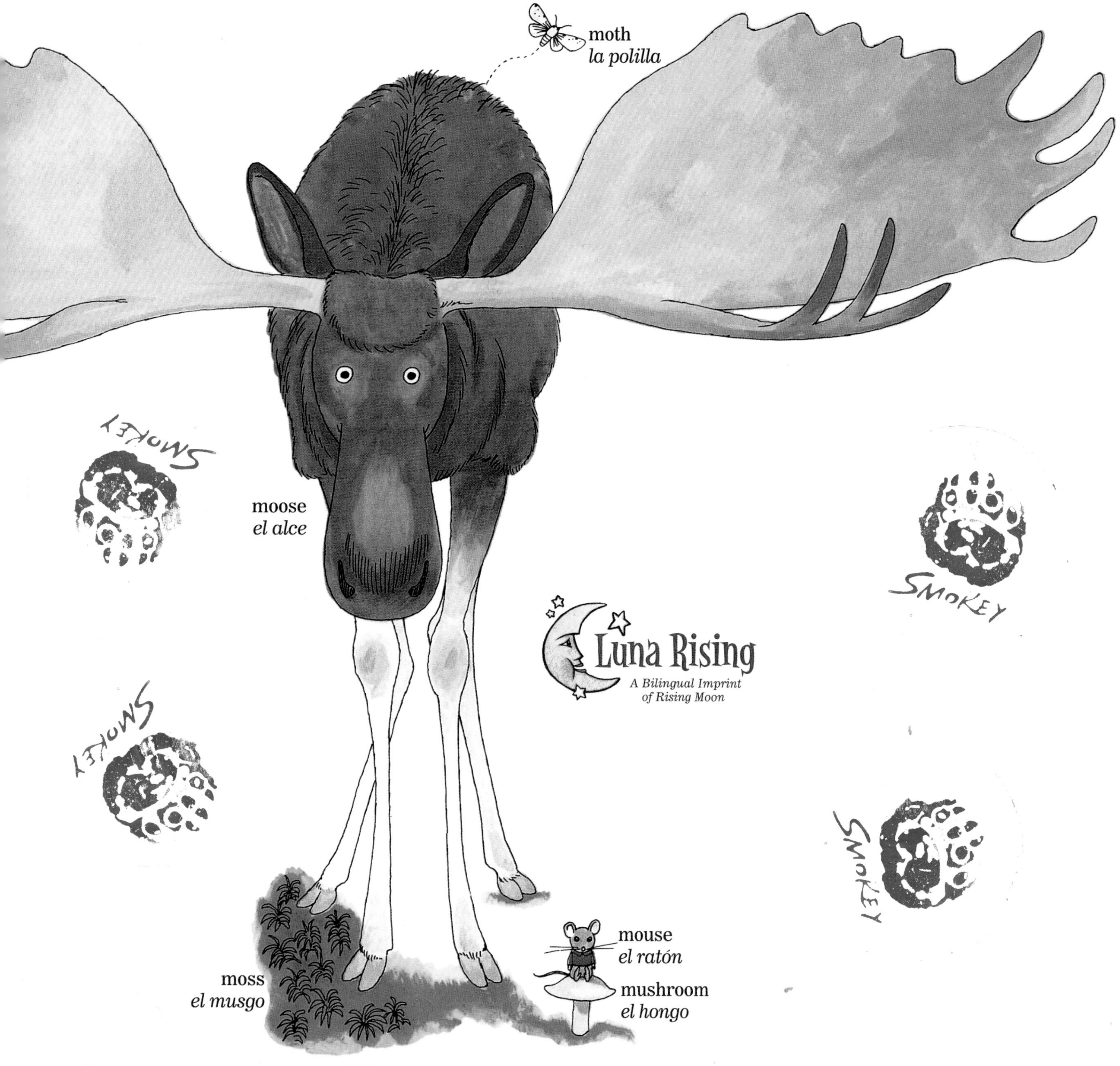

Luna Rising
A Bilingual Imprint of Rising Moon

THE NEW DAY

It is the morning of a new day.
The sun is shining.
Kenny Bear gets up out of bed.

DE MAÑANITA

Ha comenzado un nuevo día.
Ya ha salido el sol.
El oso Kenny se levanta de la cama.

First he washes his face and hands.
Primero se lava la cara y las manos.

Then he brushes his teeth.
Luego se cepilla los dientes.

He combs his hair.
Se peina.

He dresses himself.
Se viste.

He makes his bed.
Tiende su cama.

He goes to the kitchen
to eat his breakfast.
Va a la cocina a desayunar.

Kenny Bear sits in his favorite chair.
El oso Kenny se sienta en su silla preferida.

He is very hungry. This is what he eats—
Tiene mucha hambre. Esto es lo que come:

cold fruit juice
el jugo de fruta frío

warm cereal
el cereal calentito

cool milk
la leche fría

pancakes
los panqueques

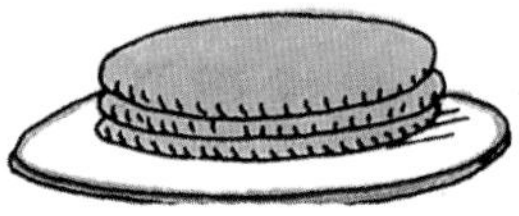

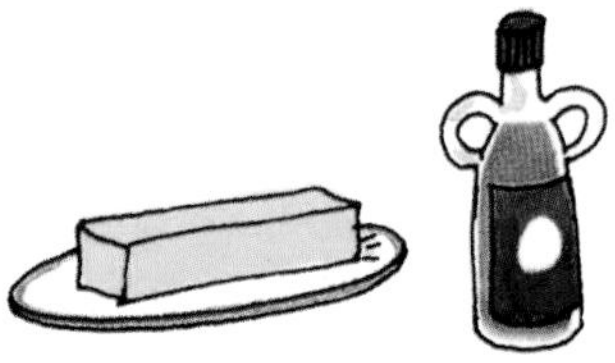

with butter and maple syrup
con mantequilla y jarabe de arce

He doesn't eat the toaster.
No se come la tostadora.

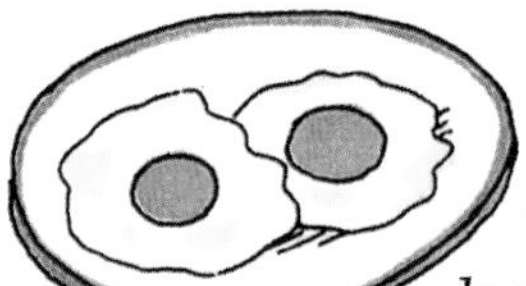

fried eggs
los huevos fritos

bacon
el tocino

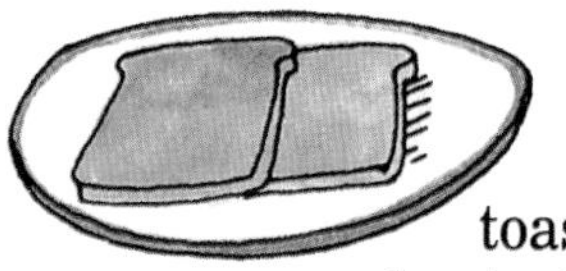

toast
las tostadas

muffins
los muffins

honey
la miel

jam
la jalea

hot cocoa
la cocoa caliente

with cream
con leche

and a waffle.
y un wafle.

When he finishes eating breakfast he helps wash and dry the dishes.
Cuando termina de desayunar, ayuda a lavar y a secar los platos.

cup
la taza

saucer
el platito

plate
el plato

bowl
el plato hondo

fork
el tenedor

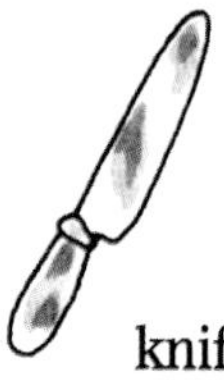

knife
el cuchillo

spoon
la cuchara

glass
el vaso

jar
el frasco

pitcher
la jarra

frying pan
la sartén

lid
la tapa

pot
la olla

pan
el molde

juice squeezer
el exprimidor

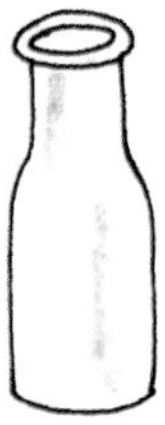

bottle
la botella

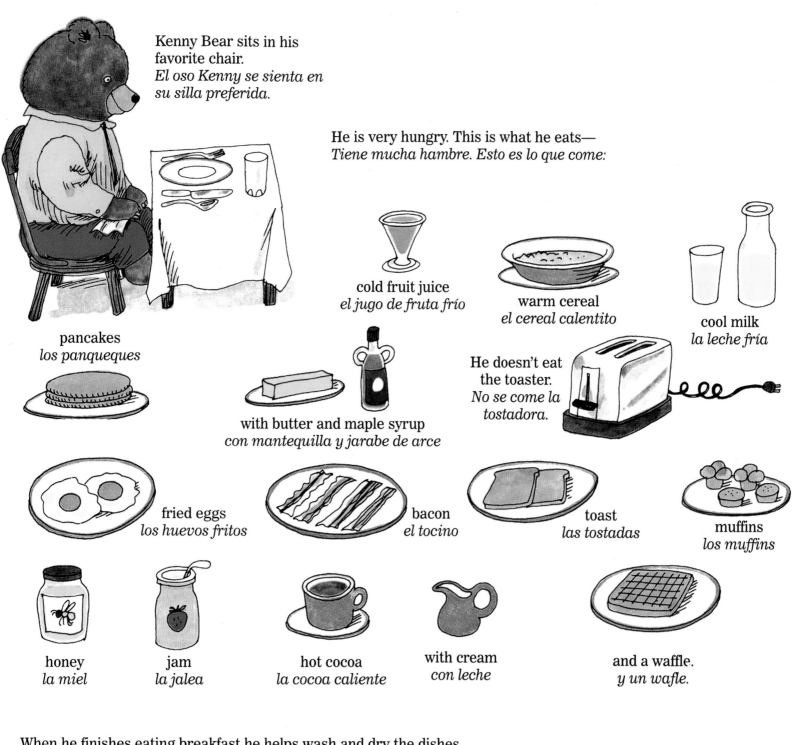

glass
la copa

Now he is ready to play with his friends. *Ahora está listo para jugar con sus amigos.*

THE RABBIT FAMILY'S HOUSE

Father Rabbit, Mother Rabbit, and the Rabbit children are getting ready for the new day. Their friend Owl is waiting for the children to come outside. Can you find him?

LA CASA DE LA FAMILIA CONEJO

Papá Conejo, Mamá Conejo y sus conejitos se preparan para comenzar el día. Su amigo Búho está esperando que salgan los niños. ¿Ves dónde está?

owl
el búho
WHOO
UU-O
smoke
el humo
antenna
la antena
light switch
el interruptor de luz
television set
el televisor
ottoman
el taburete
Mickey
Mickey
bunk bed
la litera
bathroom
el cuarto de baño
upstairs hall
el corredor de la planta alta
Molly
Molly
front door
la puerta del frente
bedroom
el dormitorio
living room
la sala
outside light
la luz de afuera
candle
la vela
picture el cuadro
telephone
el teléfono
fireplace
la chimenea
stairs
la escalera
sofa or couch
el sofá o sillón
front hall
el vestíbulo
doormat el felpudo
rug
la alfombra
stone walk
el caminito de piedras
window
la ventana

PAINTING AND DRAWING WITH COLORS

Painting and drawing are fun. You can use bright colors. You can paint with brushes or even your fingers. You can draw with crayons or pencils. What do you like to draw?

PINTAR Y DIBUJAR CON COLORES

Pintar y dibujar es divertido. Puedes usar colores brillantes. Puedes pintar con pinceles y hasta con los dedos. Puedes dibujar con creyones o con lápices. ¿Qué te gusta dibujar?

paper
el papel

finger painting
pintar con los dedos

make orange
hacen el anaranjado

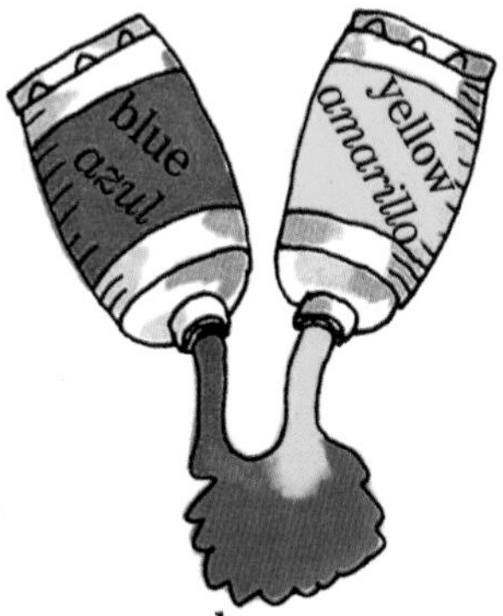

make green
hacen el verde

make gray
hacen el gris

pencil
el lápiz

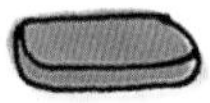

eraser
el borrador

pencil drawing
dibujar con lápiz

make violet
hacen el violeta

make pink
hacen el rosado

make brown
hacen el marrón

water dish
el plato para el agua

watercolors
las acuarelas

smock
el guardapolvo

poster paint
la pintura para carteles

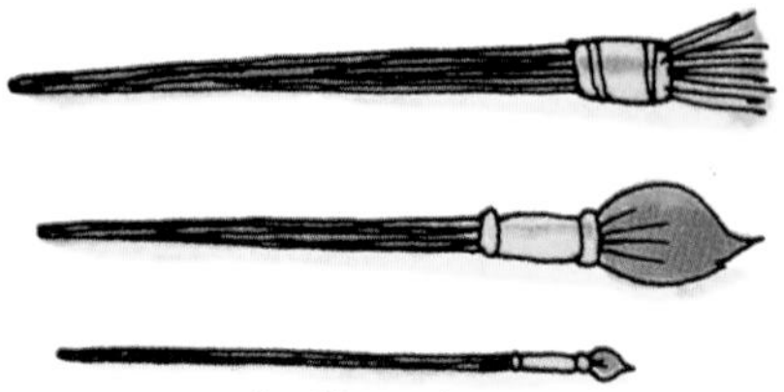

paintbrushes
los pinceles

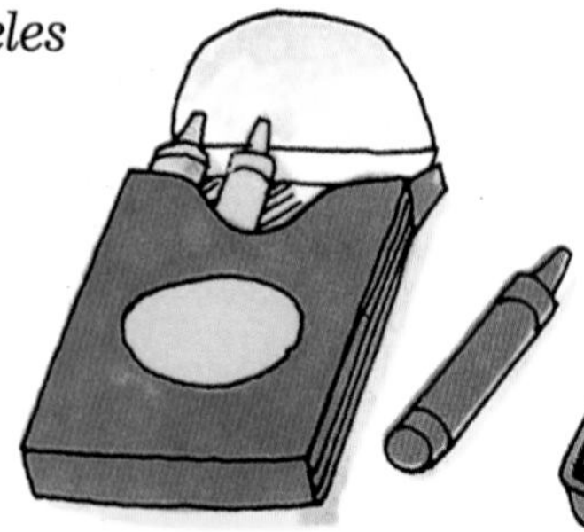

crayons
los creyones

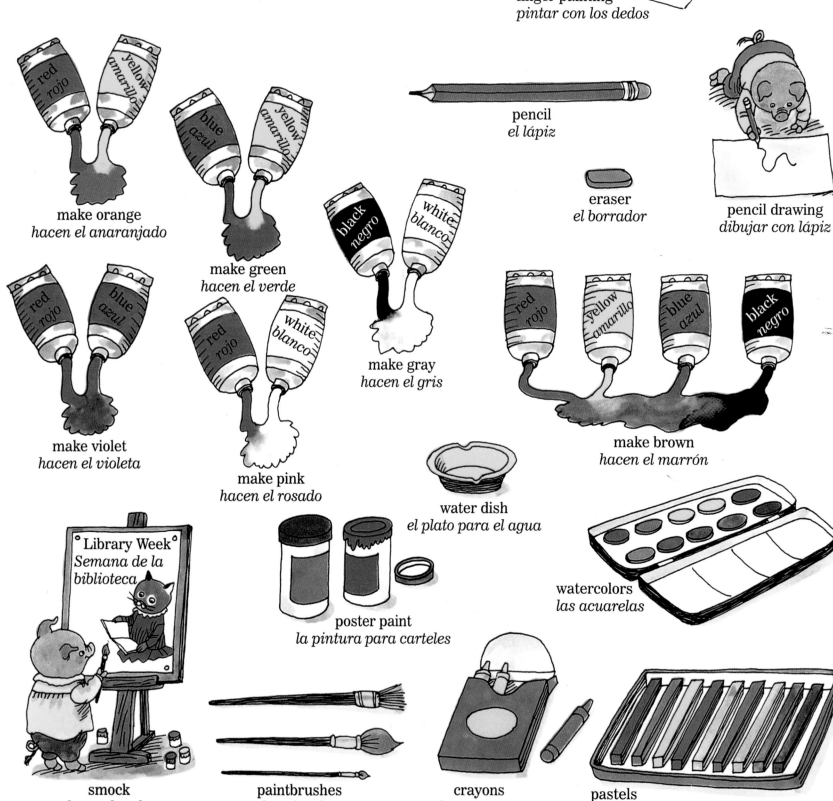

pastels
los pasteles

tricycle
el triciclo

TOYS

Sometimes it is fun to play by yourself.
Sometimes it is fun to play with your friends.
What are your favorite toys?
Do you like to play with blocks?

LOS JUGUETES

A veces es divertido jugar solo.
A veces es divertido jugar con tus amigos.
¿Cuáles son tus juguetes preferidos?
¿Te gusta jugar con cubos?

rocking horse
el caballito mecedor

electric train
el tren eléctrico

truck and loader
el camión y la cargadora

blocks
los cubos

scooter
el patinete

glider
el planeador

robot
el robot

building set
el juego para construir

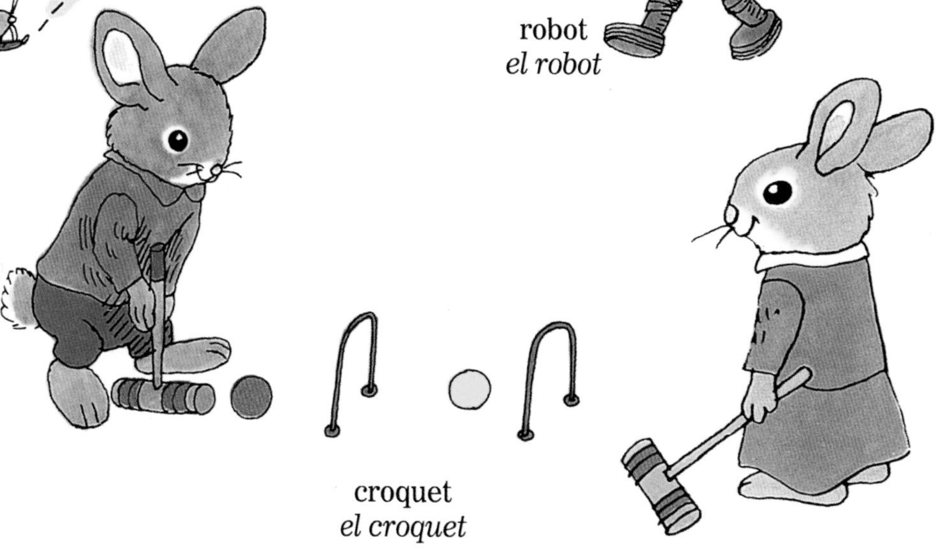

croquet
el croquet

AT THE PLAYGROUND

The children are all having fun doing different things.
Which children are doing the things you like best?

EL PARQUE DE JUEGOS

Todos los niños se están divirtiendo haciendo diferentes cosas.
¿Qué niños están haciendo las cosas que más te gustan a ti?

bubble blowing
hacer burbujas
kite
la cometa
jungle gym
la jaula de los monos
merry-go-round
el tiovivo
LISA
tag
la pega
ring toss
lanzar anillos
hoop rolling
hacer rodar el aro
marbles
las canicas
jacks
el juego de los cantillos
sandbox
el cajón de arena
kite string
el cordel de la cometa
bouncing ball
hacer rebotar la pelota
hopscotch
la rayuela

hammer
el martillo
nail
el clavo
TOOLS
Everyone is very busy working with tools. What tools do you have in your house? What would you like to build?
LAS HERRAMIENTAS
Todos están muy ocupados trabajando con herramientas. ¿Qué herramientas tienes en tu casa? ¿Qué te gustaría construir?
pushpin
la chincheta
axe
el hacha
ladder
la escalera
carpenter
el carpintero
drill
el taladro
board
la tabla
saw
el serrucho
sawdust
el aserrín
hacksaw
la sierra de arco
sandpaper
el papel de lija
vise
la prensa
plane
el cepillo
woodpecker
el pájaro carpintero
jigsaw
la sierra caladora
wood shavings
las virutas de madera
screwdriver
el destornillador
file
la lima
screws
los tornillos
pliers
las pinzas

bucksaw
la sierra de bastidor
trowel
la paleta
bricklayer
el albañil
hoe
la azada
brick
el ladrillo
brick wall
la pared de ladrillos
cement
el cemento
umber
la madera
fence painter
el pintor de cercas
paintbrush
la brocha
ball of twine
el ovillo de hilo
sawhorse
el burro para serrar
paint
la pintura
barrel
el barril
tack
la tachuela
tack hammer
el martillo para tachuelas
hatchet
la hachuela
ruler
la regla
folding ruler
la regla plegable
jackknife
la navaja de bolsillo
toolbox
la caja de herramientas
square
la escuadra
shovel
la pala
putty knife
la espátula
bolt
el perno
nut
la tuerca
dirt
la tierra
monky wrench
la llave inglesa
compass
el compás
wheelbarrow
la carretilla
pickaxe
el pico
glue
el pegamento

weather vane
la veleta
scarecrow
el espantapájaros
crow
el cuervo
silo
el silo
disc harrow
la rastra de discos
tractor
el tractor
hayloft
el henal
barn
el granero
goat
la cabra
stall
el establo
tin can
la lata
milk can
el bidón de leche
pail
el cubo
wagon
el carretón
farm truck
el camión de la granja
hen
la gallina
rooster
el gallo
pigsty
el chiquero
baby chick
el pollito
Kathy Bear is going to feed the pig.
La osa Kathy va a darle de comer al cerdo.
corncrib
el hórreo

THE BEARS' FARM

The Bears are working hard on their farm.
What are they all doing? What is the duck doing?
What is the scarecrow supposed to be doing?
He is not doing it, is he?

Kenny Bear is going to feed the chickens.
El oso Kenny va a darles de comer a los pollos.

LA GRANJA DE LOS OSOS

Los osos están trabajando mucho en su granja.
¿Qué están haciendo todos? ¿Qué está haciendo el pato?
¿Qué se supone que debe estar haciendo el espantapájaros? No lo está haciendo, ¿verdad?

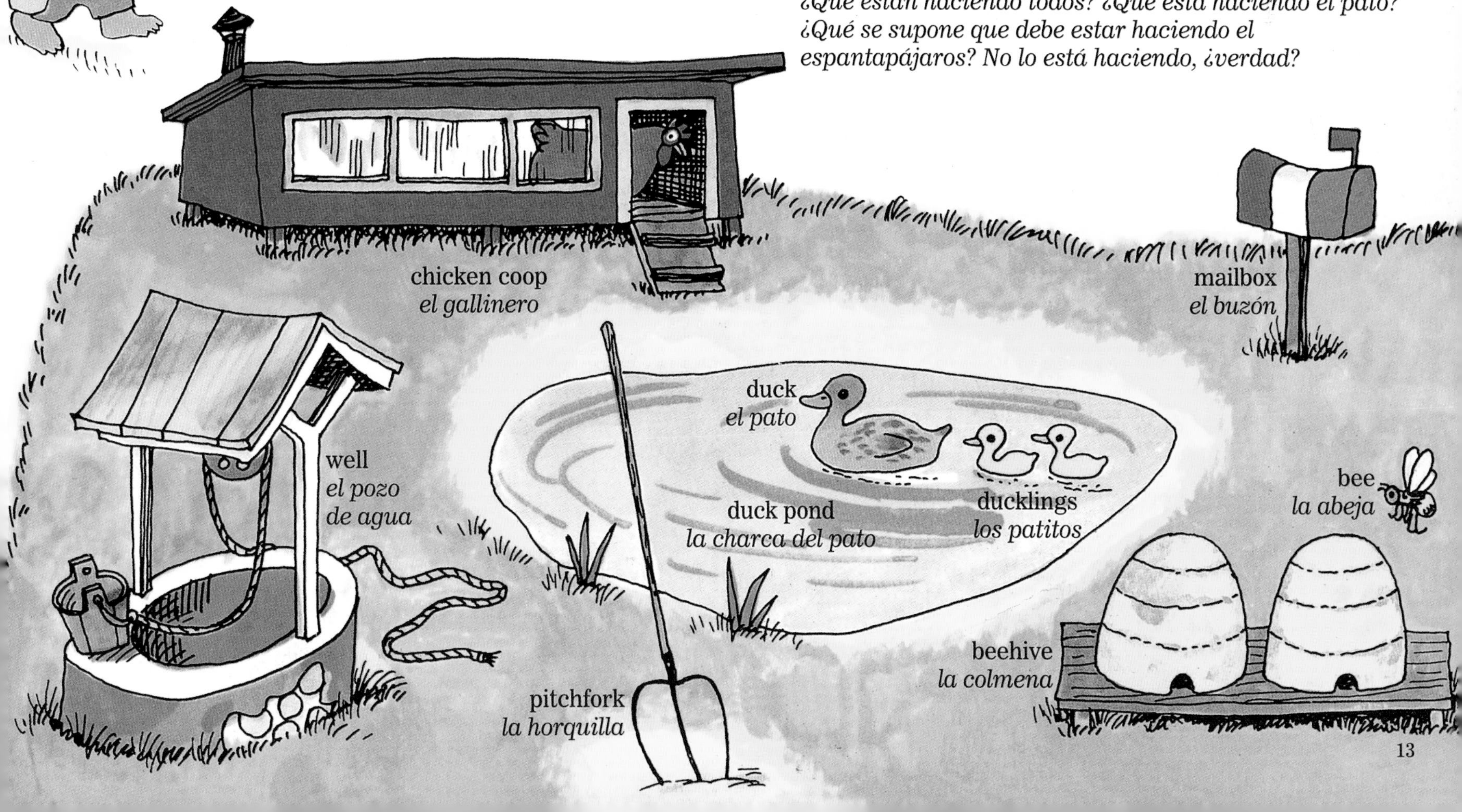

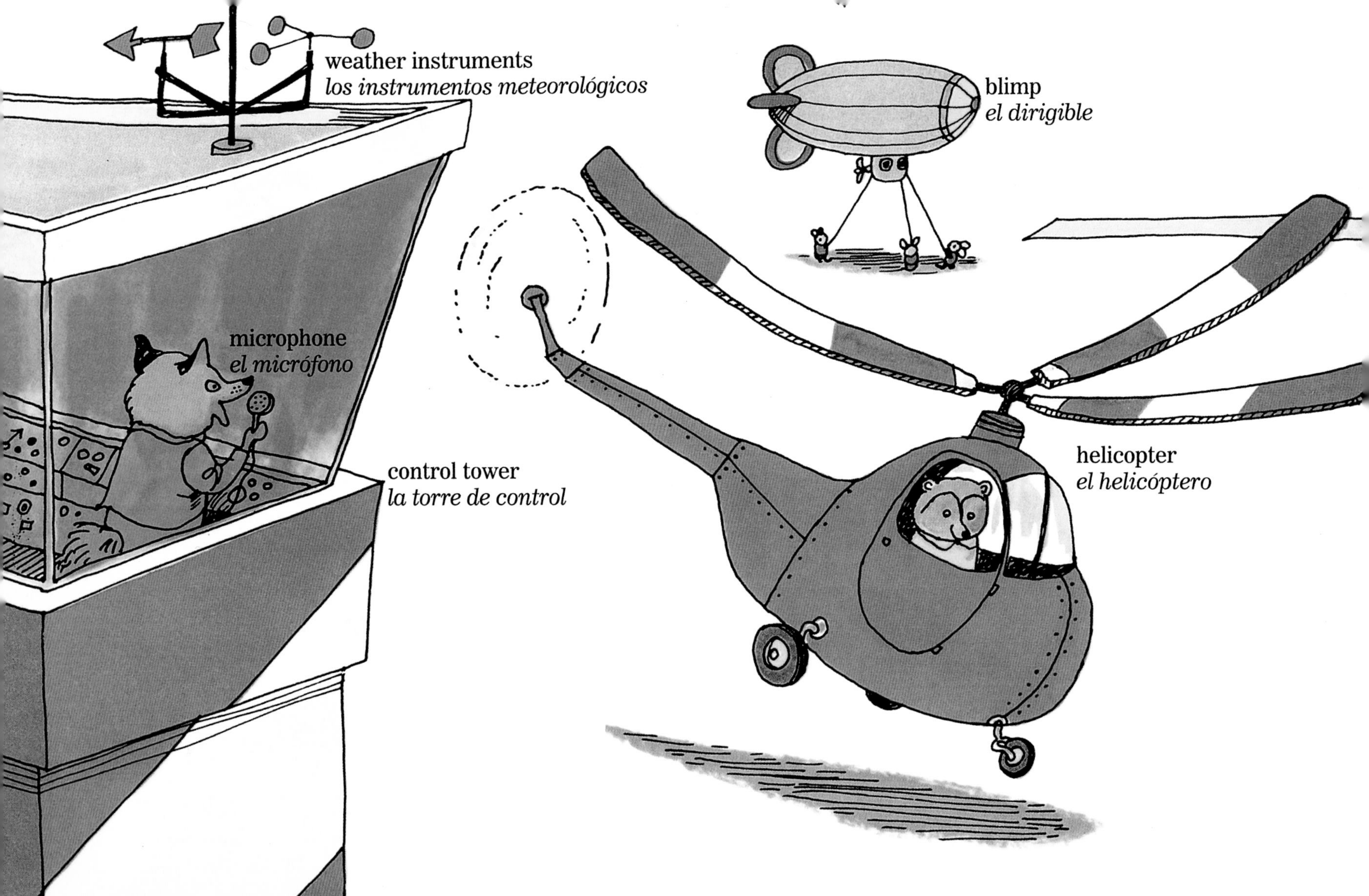

AT THE AIRPORT

The air traffic controller is talking to the pilot of the jet passenger plane.
The controller is giving the pilot take-off instructions.

EN EL AEROPUERTO

*El controlador de tráfico aéreo le está hablando al piloto del avión de pasajeros.
El controlador le está dando al piloto instrucciones para despegar.*

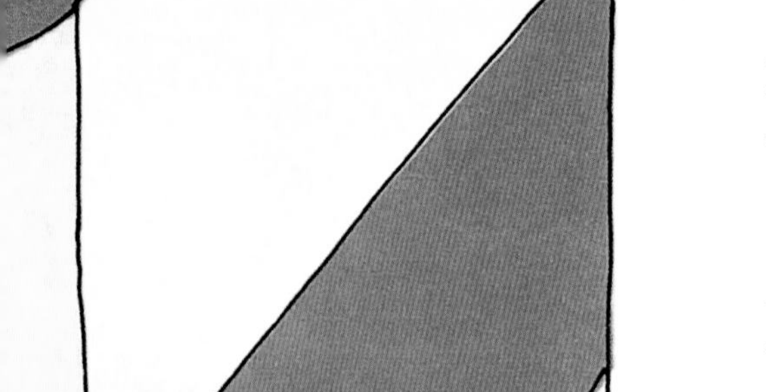

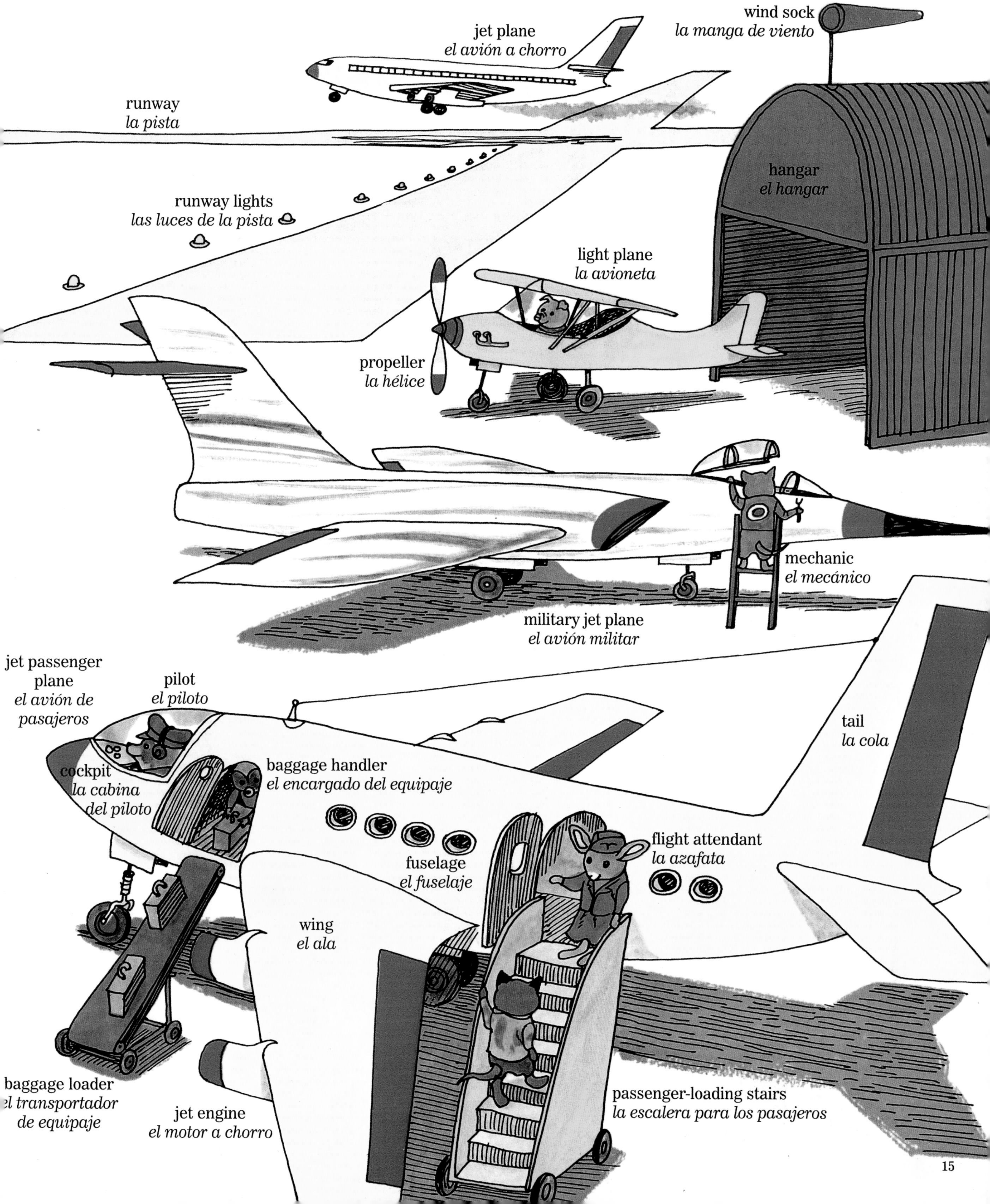

jet plane
el avión a chorro
wind sock
la manga de viento
runway
la pista
hangar
el hangar
runway lights
las luces de la pista
light plane
la avioneta
propeller
la hélice
mechanic
el mecánico
military jet plane
el avión militar
jet passenger plane
el avión de pasajeros
pilot
el piloto
tail
la cola
cockpit
la cabina del piloto
baggage handler
el encargado del equipaje
flight attendant
la azafata
fuselage
el fuselaje
wing
el ala
baggage loader
el transportador de equipaje
jet engine
el motor a chorro
passenger-loading stairs
la escalera para los pasajeros

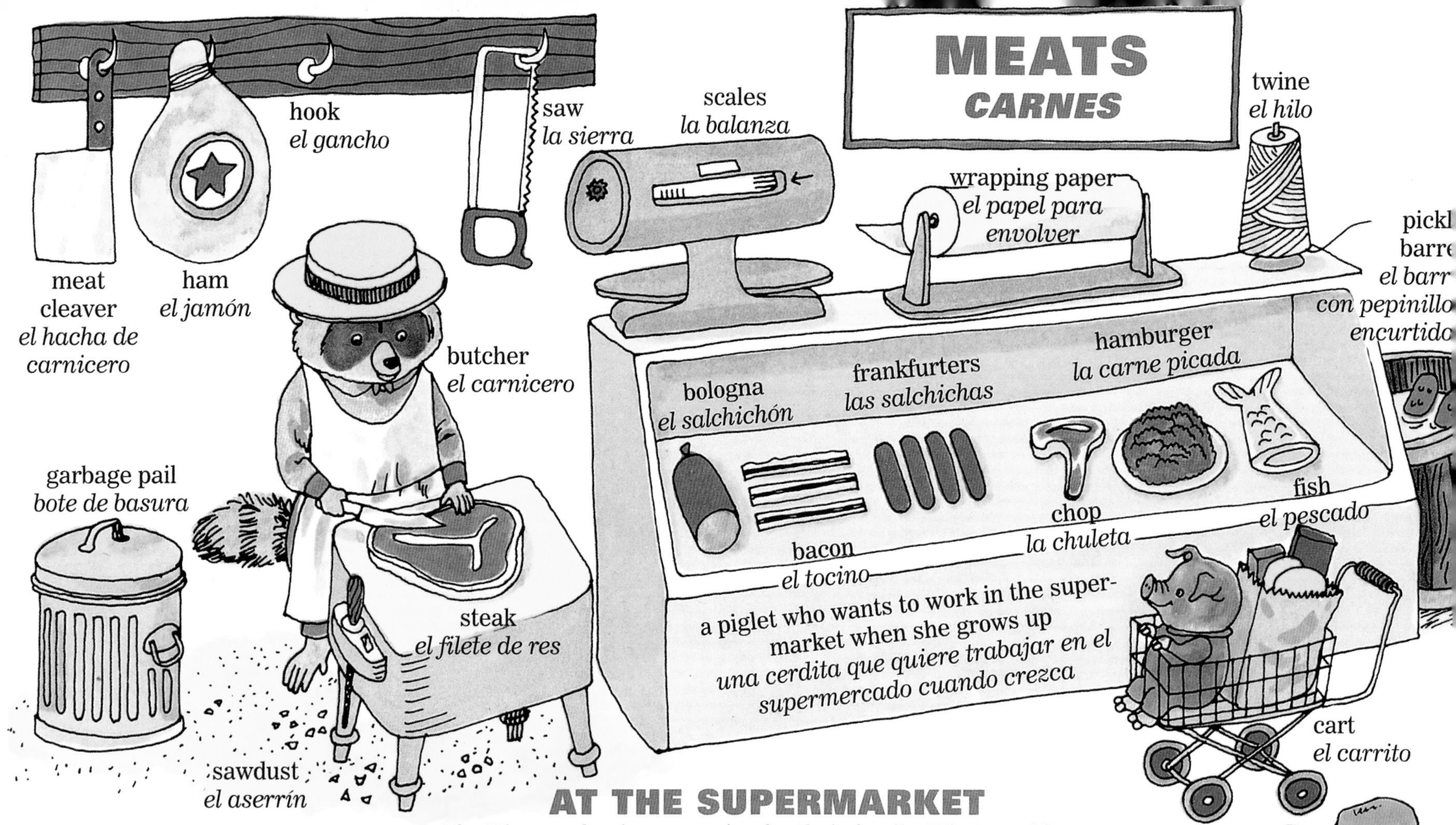

AT THE SUPERMARKET

The Pigs are buying groceries for their family. What would you like to buy next time you go to the market? Would you like to buy a pickle?

EN EL SUPERMERCADO

Los cerditos están comprando comestibles para su familia. ¿Qué te gustaría comprar la próxima vez que vayas al mercado? ¿Te gustaría comprar un pepinillo encurtido?

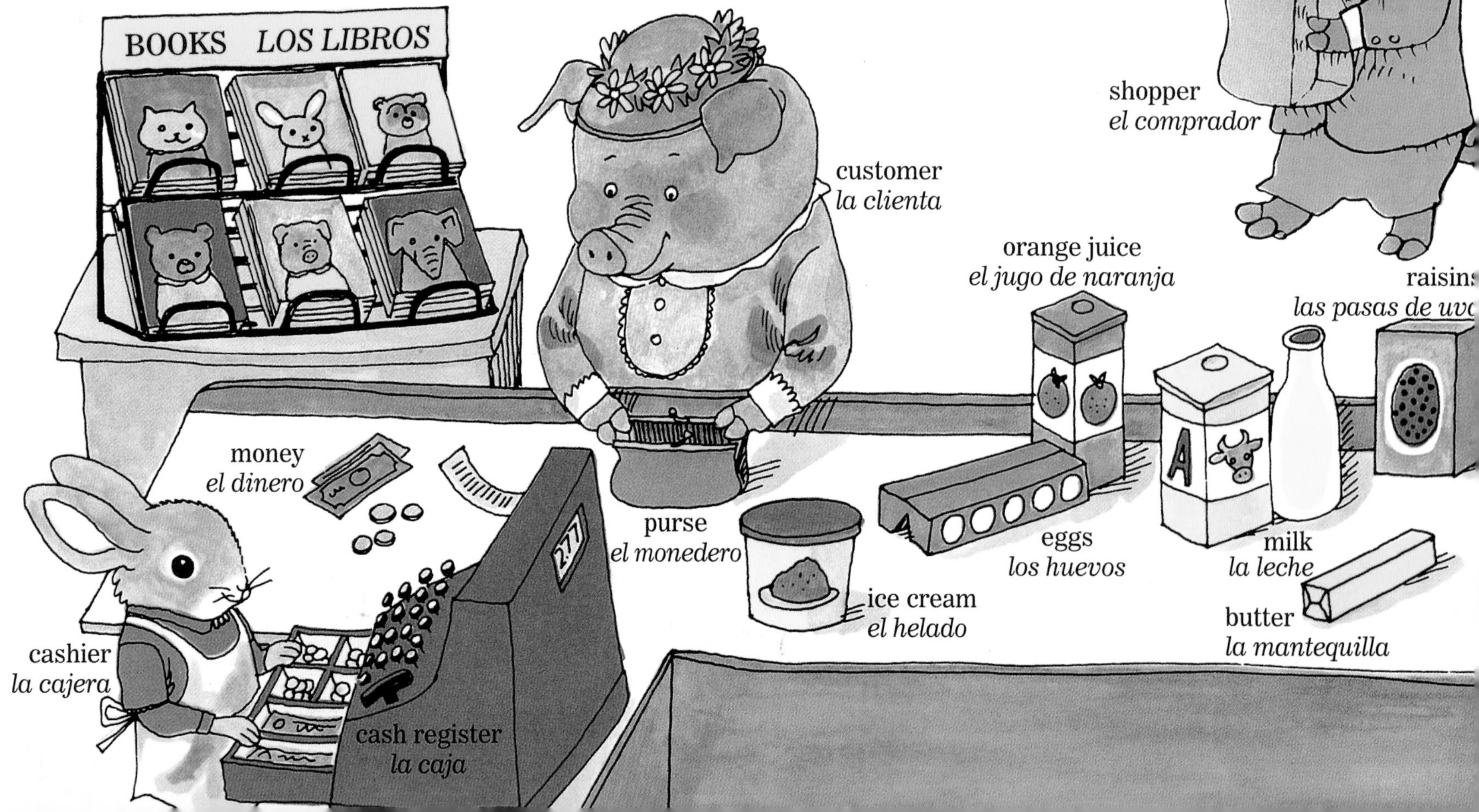

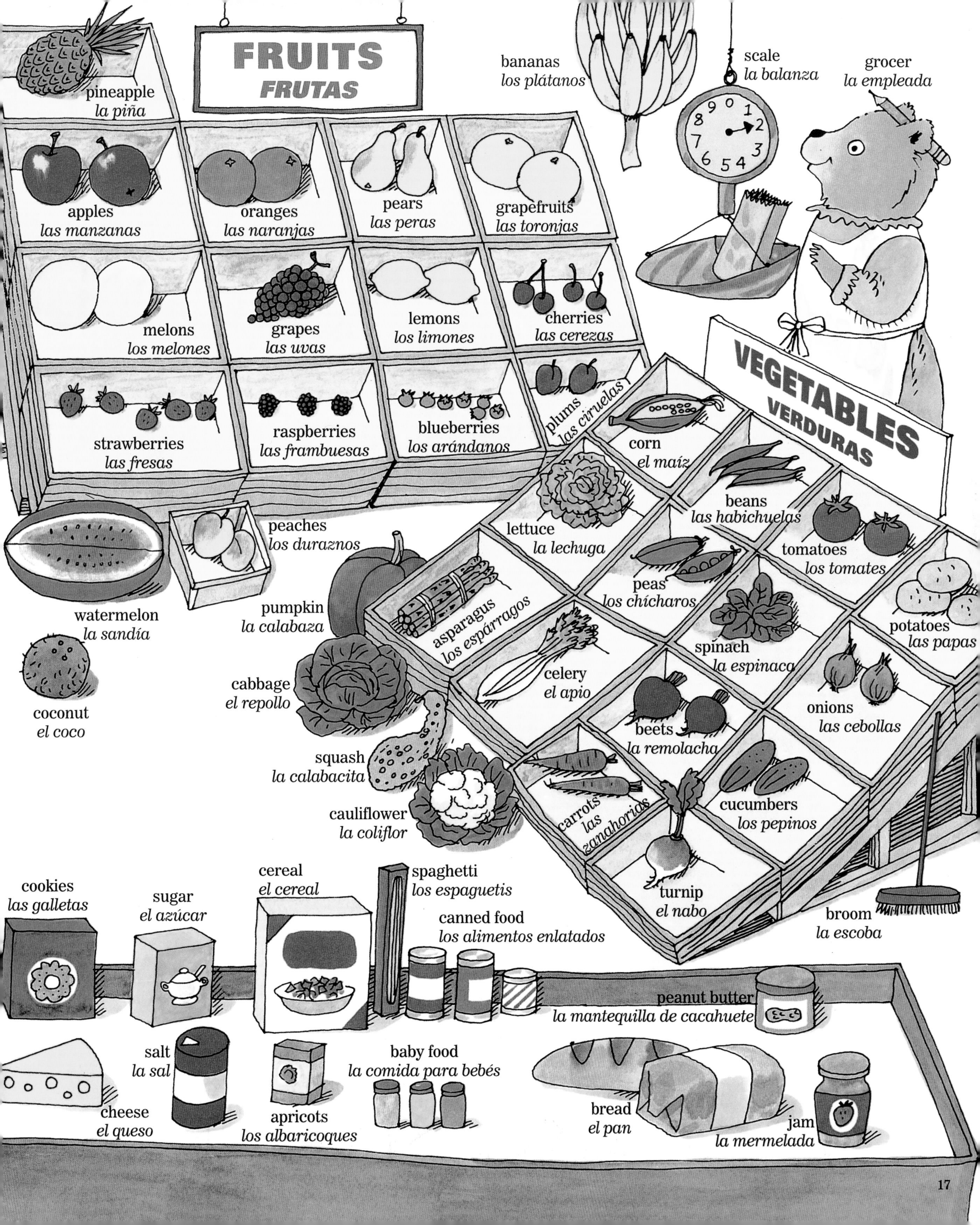
FRUITS
FRUTAS
pineapple
la piña
bananas
los plátanos
scale
la balanza
grocer
la empleada
apples
las manzanas
oranges
las naranjas
pears
las peras
grapefruits
las toronjas
melons
los melones
grapes
las uvas
lemons
los limones
cherries
las cerezas
strawberries
las fresas
raspberries
las frambuesas
blueberries
los arándanos
plums
las ciruelas
VEGETABLES
VERDURAS
corn
el maíz
beans
las habichuelas
lettuce
la lechuga
tomatoes
los tomates
peaches
los duraznos
watermelon
la sandía
pumpkin
la calabaza
peas
los chícharos
asparagus
los espárragos
potatoes
las papas
spinach
la espinaca
coconut
el coco
cabbage
el repollo
celery
el apio
onions
las cebollas
beets
la remolacha
squash
la calabacita
cauliflower
la coliflor
carrots
las zanahorias
cucumbers
los pepinos
turnip
el nabo
broom
la escoba
cookies
las galletas
sugar
el azúcar
cereal
el cereal
spaghetti
los espaguetis
canned food
los alimentos enlatados
peanut butter
la mantequilla de cacahuete
salt
la sal
baby food
la comida para bebés
cheese
el queso
apricots
los albaricoques
bread
el pan
jam
la mermelada

MEALTIME
The Pig family is having a special holiday meal. There is so much good food to enjoy! What do you see on the table that you would like to eat?
A LA HORA DE COMER
Hoy es un día de fiesta para la familia Cerdo. ¡Hay tanta comida rica para saborear! ¿Qué te gustaría comer de las cosas que ves sobre la mesa?
carving knife and fork
el cuchillo y el tenedor para trinchar
roast beef
el rosbif
meat platter
la fuente para carne
tablespoon
la cuchara
coffeepot
la cafetera
teapot
la tetera
saltshaker
el salero
pepper shaker
el pimentero
fork
el tenedor
dinner plate
el plato
glass
el vaso
cream pitcher
la jarrita para la crema
cup
la taza
knife
el cuchillo
spoon
la cucharita
saucer
el platito
napkin
la servilleta
sugar bowl
la azucarera

turkey
el pavo
cake
el pastel
milk pitcher
la jarra de leche
squash
la calabacita
baked potatoes
las papas al horno
green beans
las habichuelas
gelatine
la gelatina
cranberry sauce
la salsa de arándanos agrios
mashed potatoes
el puré de papas
onions
las cebollas
beets
la remolacha
ice cream
el helado
peas
los chícharos
butter
la mantequilla
steak
el bistec de res
soup
la sopa
pie
la tarta
salad
la ensalada
white bread
el pan blanco
rye bread
el pan de centeno
rolls
los pancitos

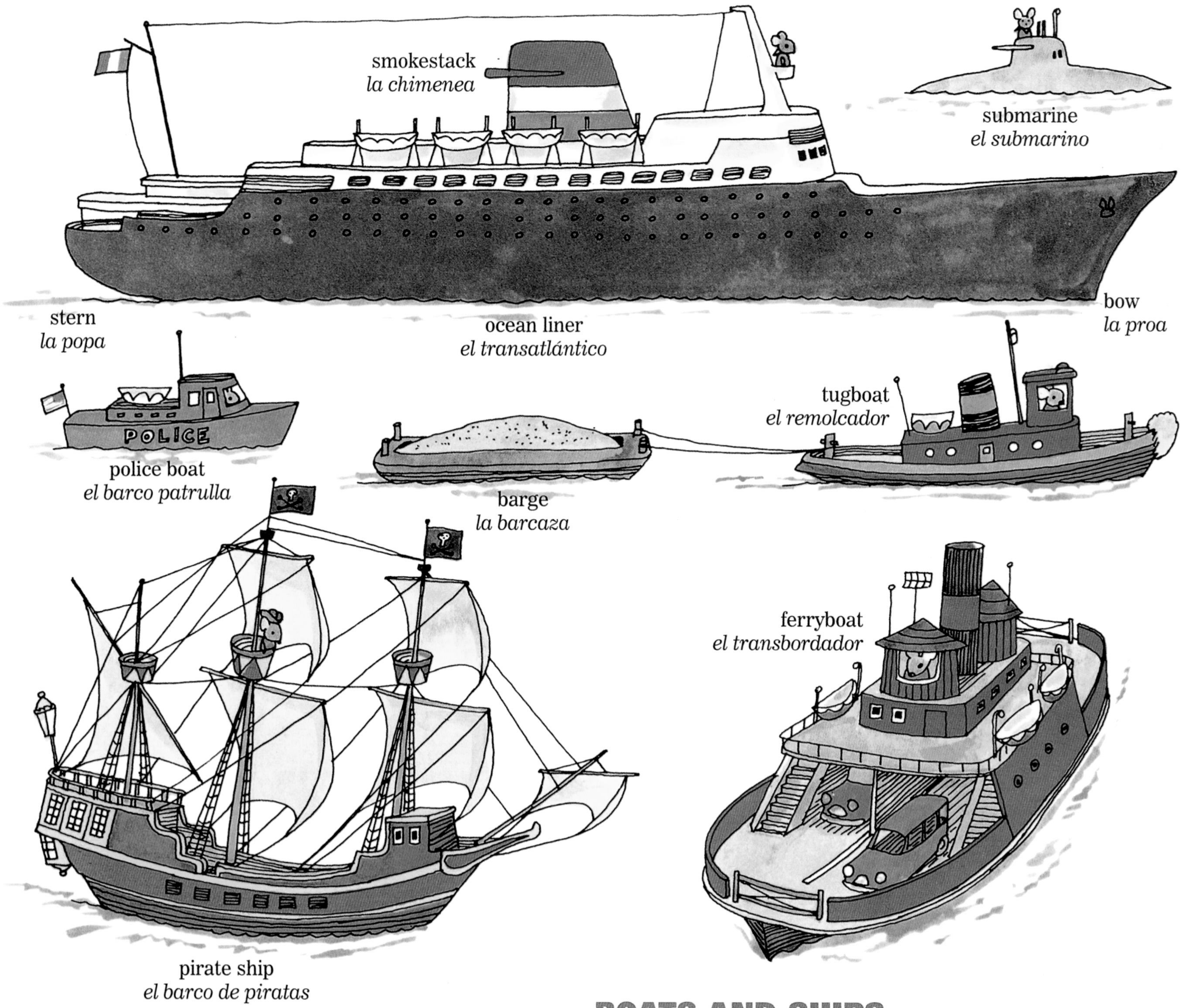

BOATS AND SHIPS

One of the things in the water is not a boat, but it helps boats find the place they want to go. Do you know what it is?

LOS BOTES Y LOS BARCOS

Una de las cosas que hay en el agua no es un bote, pero sirve para que los botes se puedan dirigir al lugar a donde quieren ir. ¿Sabes qué cosa es?

freighter
el buque de carga

lightship
el buque faro

coast guard ship
el barco de la guardia costera

oiltanker
el petrolero

fireboat
el barco de bomberos

fishing nets
las redes para pescar

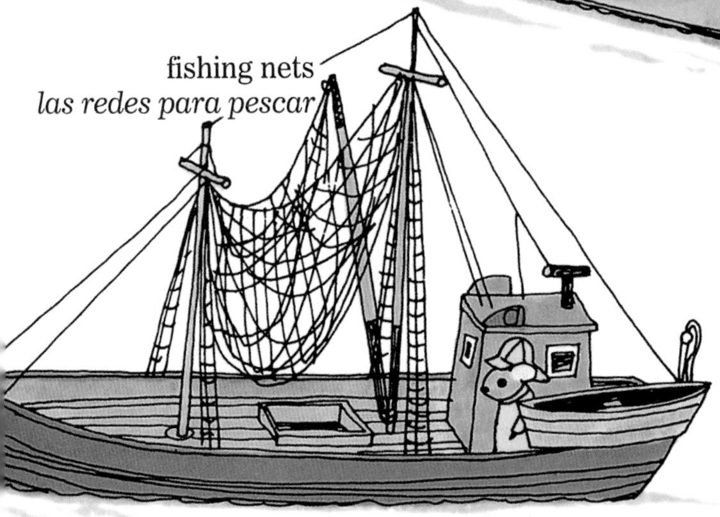

fishing trawler
el barco pesquero

sport-fishing boat
el bote de pesca deportiva

speedboat
la lancha de carreras

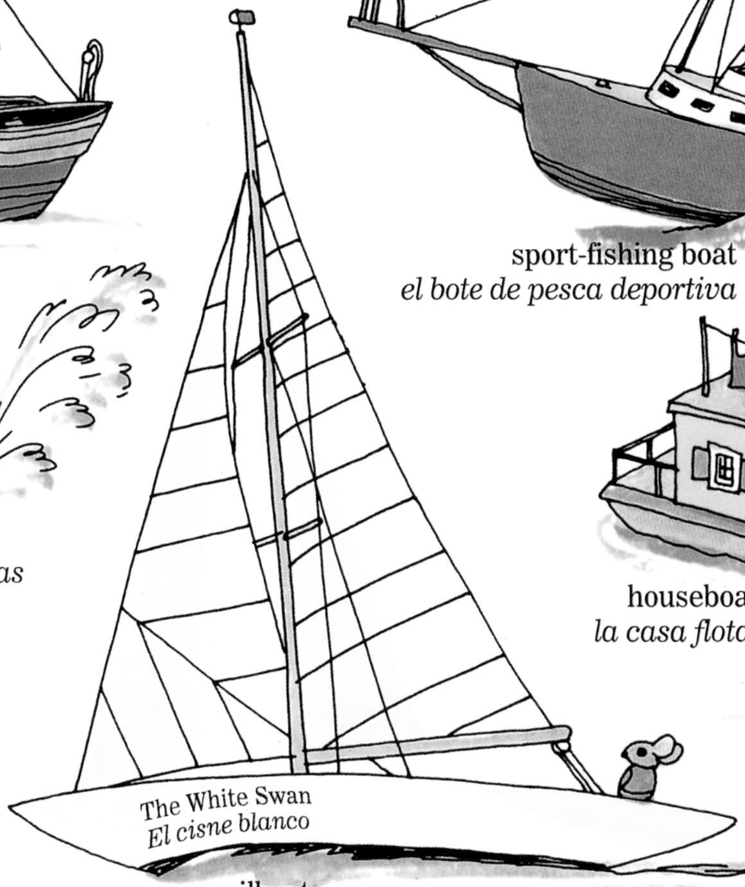

sailboat
el velero

houseboat
la casa flotante

raft
la balsa

light buoy
la boya luminosa

KEEPING HEALTHY

Your doctors and your dentist are your good friends. They want you to stay healthy and strong. Will you give your doctors and dentist a big smile the next time you see them? How big a smile can you smile?

NUESTRA SALUD

Tus doctores y tu dentista son muy buenos amigos tuyos. Quieren que te mantengas saludable y fuerte. La próxima vez que vayas a verlos, ¿les sonreirías con muchas ganas? ¿Puedes mostrarme una sonrisa bien linda?

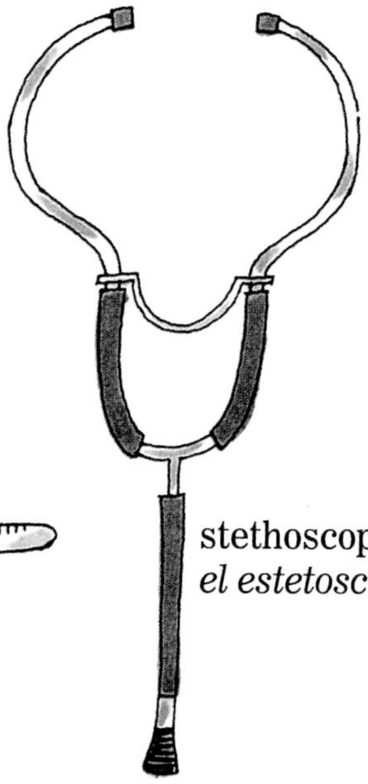

stethoscope
el estetoscopio

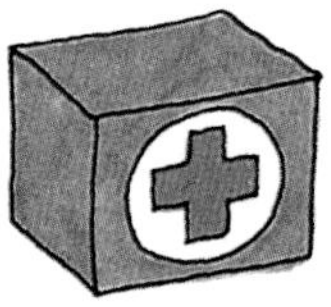

gauze bandage
la venda de gasa

adhesive tape
la cinta adhesiva

thermometer
el termómetro

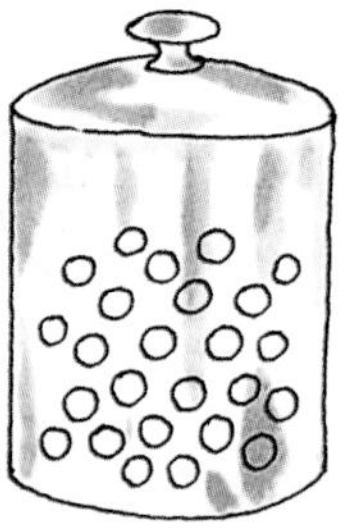

cotton balls
el algodón

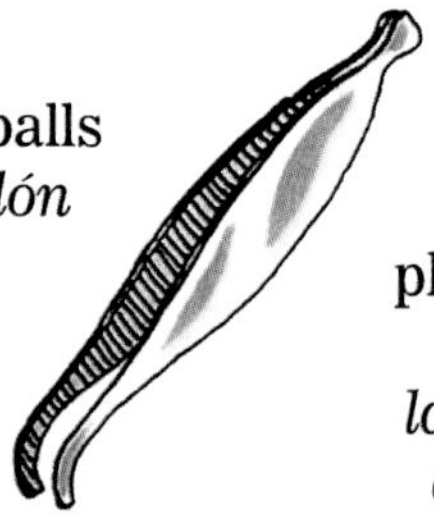

tweezers
las pinzas

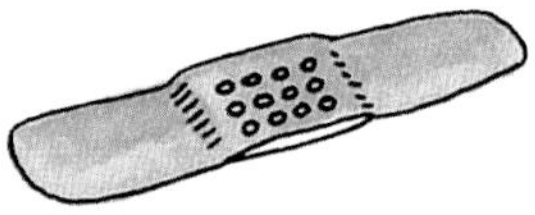

plastic bandage for small cuts and hurts
la curita para pequeños cortes y lastimaduras

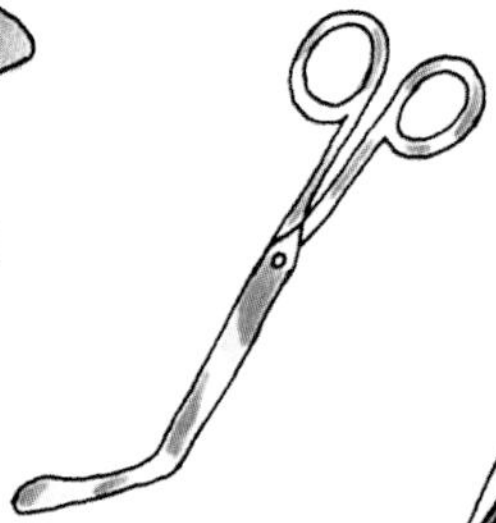

scissors
las tijeras

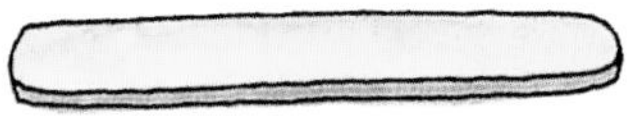

tongue depressor for looking down throats
el depresor para mirar la garganta

flashlight
la linterna

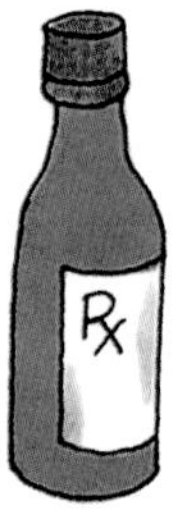

medicine
el medicamento

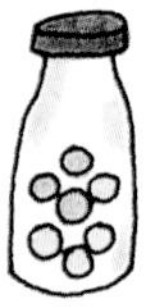

aspirin
la aspirina

pills
las píldoras

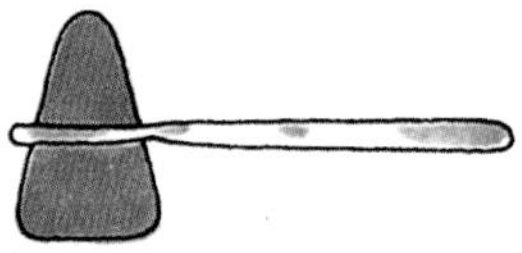

rubber hammer to make legs kick
el martillo de goma para revisar los reflejos de las piernas

toothbrush
el cepillo de dientes

toothpaste
la pasta de dientes

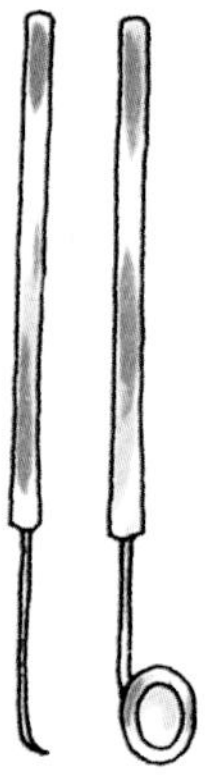

dental tools
los instrumentos dentales

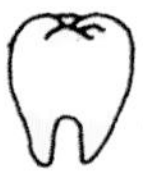

tooth
el diente

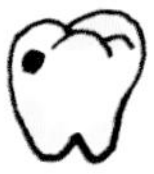

tooth with a cavity
el diente con caries

record chart to show where any cavities have been found
el cuadro para indicar dónde se han encontrado caries

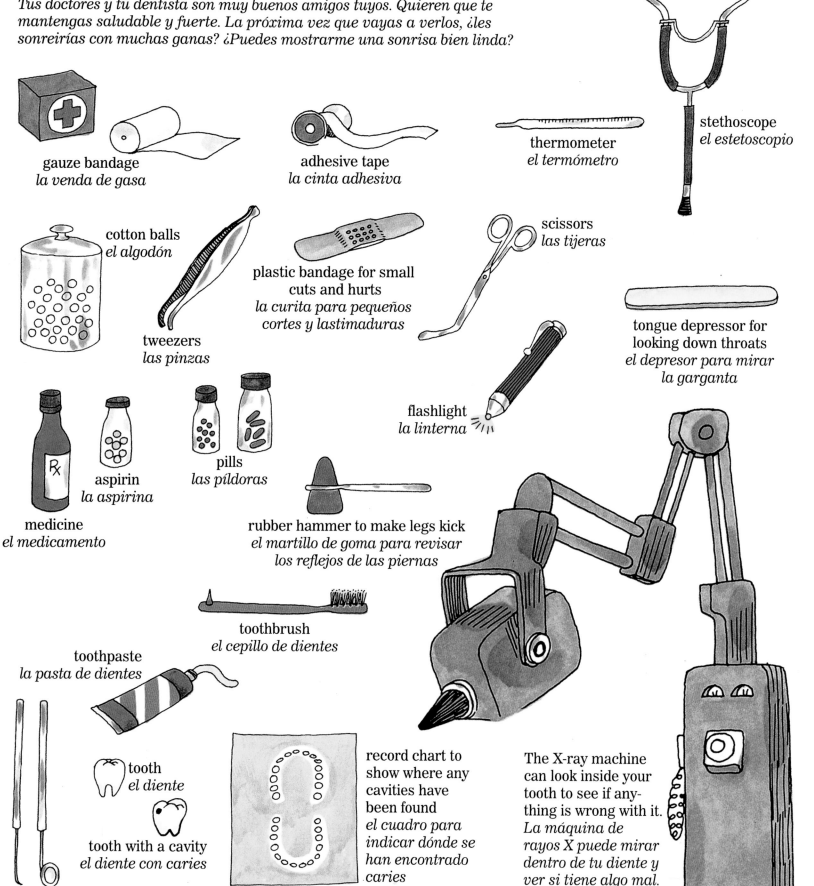

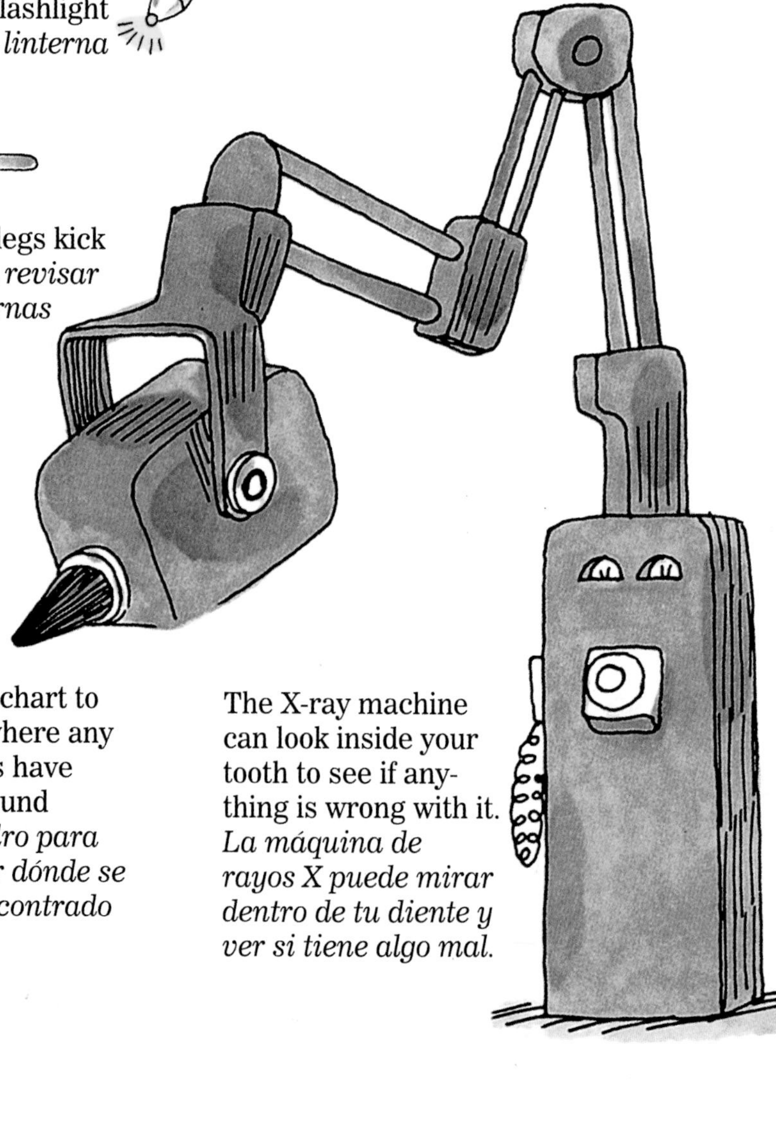

The X-ray machine can look inside your tooth to see if anything is wrong with it.
La máquina de rayos X puede mirar dentro de tu diente y ver si tiene algo mal.

The dentist looks for cavities and the dental hygienist explains how to care for your teeth.
El dentista se fija si tienes caries y el higienista dental te explica cómo debes cuidar tu boca.

THE BEAR TWINS GET DRESSED

Kenny Bear awakens one cold, frosty morning.
He wants to dress very warmly before going outside.
He yawns and gets up out of bed. He takes off his pajamas,
folds them, and puts them in a dresser drawer.
What should he wear today to keep warm?

LOS OSOS MELLIZOS SE VISTEN

El oso Kenny se despierta una fría, helada mañana.
Quiere vestirse bien abrigado antes de salir.
Bosteza y se levanta de la cama. Se quita el pijama,
lo dobla y lo pone en el cajón de la cómoda.
¿Qué debería ponerse hoy para estar calentito?

slippers
las pantuflas

pajama top
la camisa del pijama

pajama bottom
los pantalones del pijama

He puts on his
Se pone

undershorts
el calzoncillo

T-shirt
la camiseta

cap
la gorra

shirt
la camisa

pants
los pantalones

overalls
el overol

necktie
la corbata

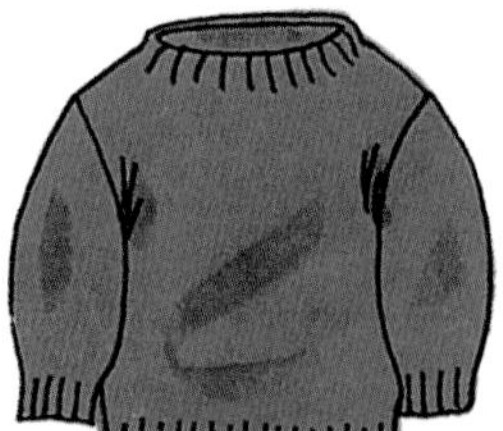

sweater
el suéter

socks
los calcetines

hat
el gorro

scarf
la bufanda

sneakers
los tenis

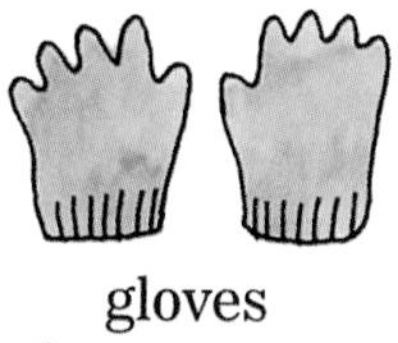

gloves
los guantes

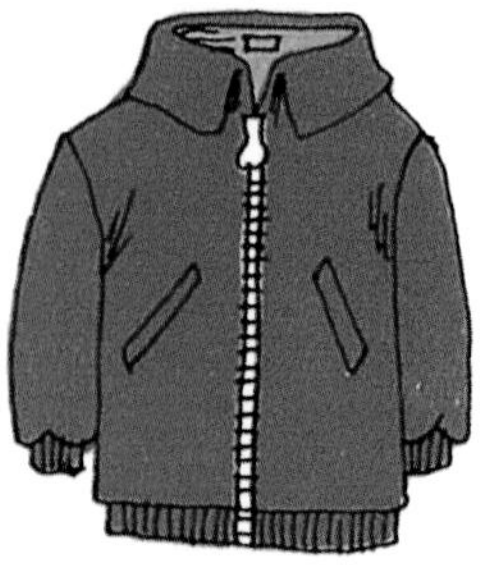

jacket
la chaqueta

overcoat
el abrigo

raincoat
el impermeable

and rainhat.
y el sombrero para la lluvia.

As Kenny is walking out of the front door, his father says,
"Don't forget to put your boots on!"

Cuando Kenny está saliendo por la puerta del frente,
su padre le dice: "¡No te olvides de ponerte las botas!"

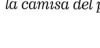

boots
las botas

Kathy Bear stretches hard before she gets out of bed.
She takes off her nightgown and hangs it on the hook in her closet.
What do you think Kathy should wear today to keep warm?

La osa Kathy se estira bien antes de salir de la cama.
Se quita el camisón y lo cuelga en el gancho de su clóset.
¿Qué te parece que debería ponerse Kathy hoy para estar calentita?

night gown
el camisón

She puts on her
Se pone

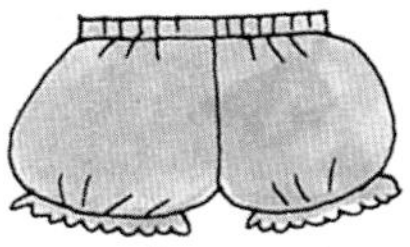

underpants
los calzones

undershirt
la camiseta interior

hair ribbon
la cinta para el cabello

blouse
la blusa

skirt
la falda

sweater
el suéter

kneesocks
los calcetines largos

ear muffs
las orejeras

shoes
los zapatos

snowsuit
el traje para la nieve

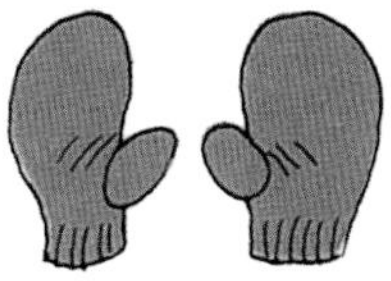

and mittens.
y los mitones.

She puts her change purse
Pone el monedero

into her backpack.
en la mochila.

As Kathy is walking out of the front door,
her mother says, "Don't forget to put your boots on!"

Cuando Kathy está saliendo por la puerta del frente,
su madre le dice: "¡No te olvides de ponerte las botas!"

Do you ever forget to put on your boots?
¿Tú te olvidas de ponerte las botas?

deer
el ciervo
lion
el león
elephant
el elefante
tiger
el tigre
panda
el panda
monkeys
los monos
polar bear
el oso polar
brown bear
el oso pardo
gorilla
el gorila

The veterinarian makes sure all the animals are healthy.
La veterinaria se asegura de que todos los animales estén saludables.

AT THE ZOO

Mr. and Mrs. Mouse took their children to the zoo. How will those children be able to get all of those balloons into their house tonight? Which is your favorite animal at the zoo?

EN EL ZOOLÓGICO

El señor y la señora Ratón llevaron a sus hijos al zoológico. ¿Cómo harán esos niños para meter todos esos globos en su casa esta noche? ¿Cúal es tu animal preferido del zoológico?

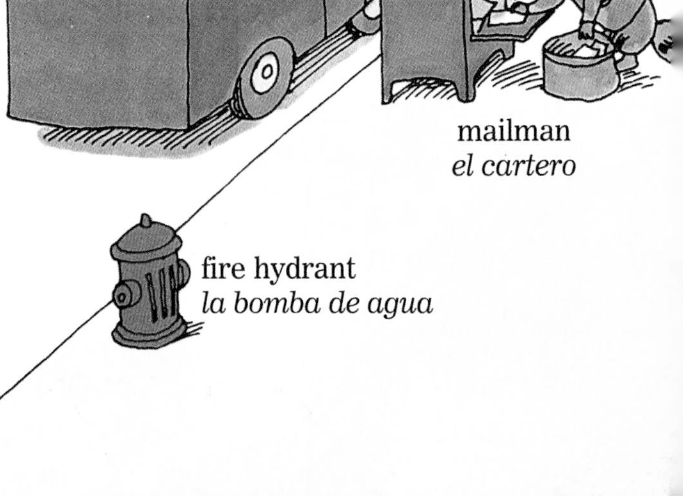

IN THE CITY

Mouse has just bought a book at the bookstore. She is going to buy a newspaper and then join her rabbit friends at the sidewalk cafe and drink some lemonade with them. Show with your finger the way she will go. Remember to have her look both ways before she crosses a street.

EN LA CIUDAD

Ratona acaba de comprar un libro en la librería. Va a comprar un periódico y luego se va a encontrar con sus amigos conejitos en el café al aire libre para tomar una limonada con ellos. Indica con tu dedo cuál es el camino que ella tomará. Recuerda pedirle que mire a ambos lados antes de cruzar una calle.

hotel
el hotel
street sign
el cartel de la calle
park
el parque
park bench
el banco
del parque
sidewalk
la acera
RESTAURANT
RESTAURANTE
statue
la estatua
manhole
la boca de alcantarilla
taxi
el taxi
sidewalk cafe
el café al aire libre
barbershop
la peluquería
traffic officer
el agente de tránsito
police car
la patrulla
THEATER
TEATRO
NOW PLAYING
EN FUNCIÓN
BUS STOP
TAXI STAND
SUBWAY
METRO
bus
el autobús
PARADA
DE AUTOBÚS
PARADA
DE TAXIS
subway station
la estación del metro
token seller
el vendedor de fichas
subway entrance
la entrada al metro
newspapers
los periódicos
newsstand
el kiosco

A DRIVE IN THE COUNTRY

There are many things to see when you take a drive in the country. Can you see Harry and Sally, the mountain climbers? Can you see what Harry has dropped from his knapsack?

UN PASEO EN EL CAMPO

Hay muchas cosas que ver cuando das un paseo por el campo. ¿Puedes ver a los alpinistas Harry y Sally? ¿Puedes ver qué se le cayó de la alforja a Harry?

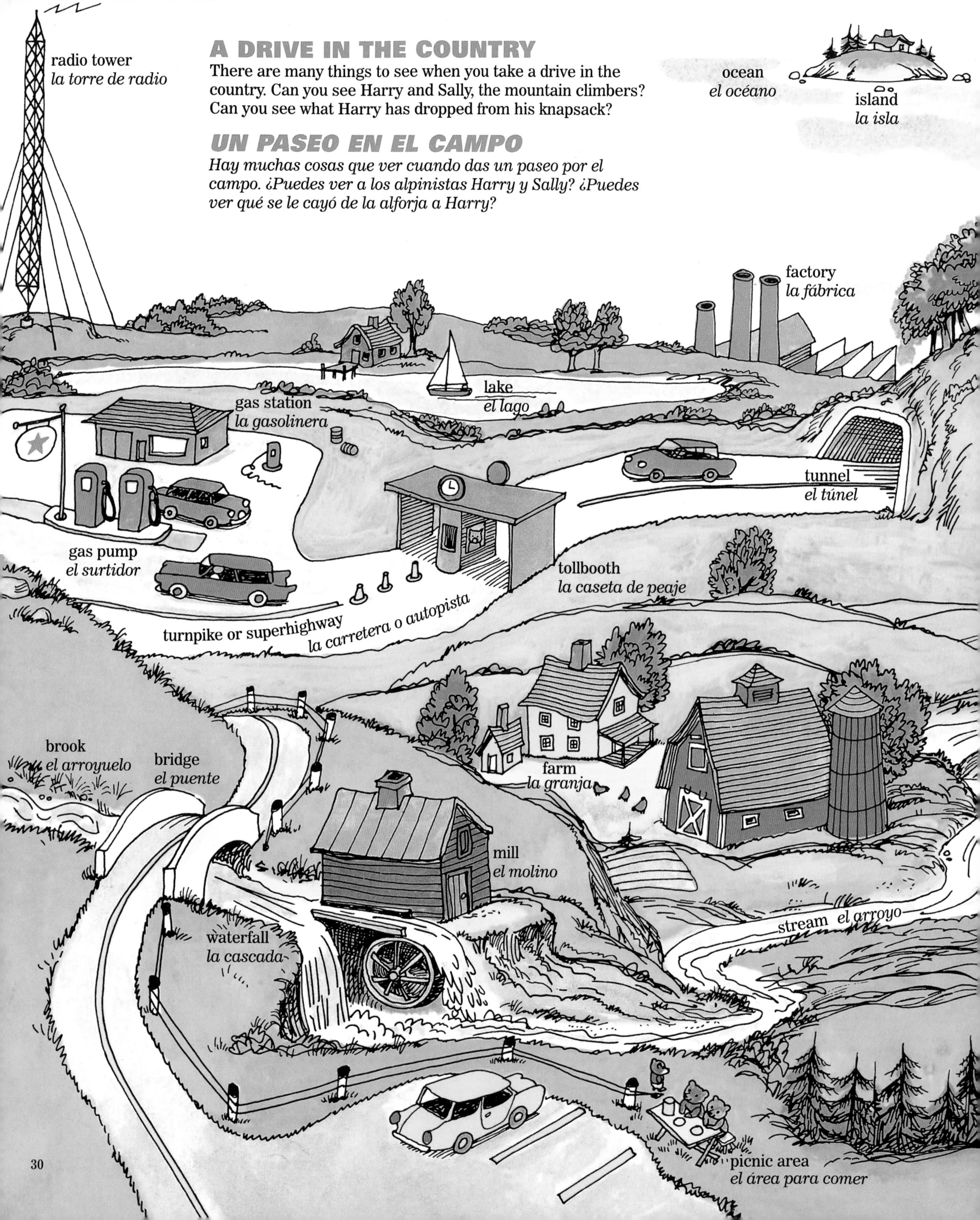

lighthouse
el faro
beach
la playa
fire lookout tower
la torre de observación
de incendios
crane
la grúa
bay
la bahía
drawbridge
el puente levadizo
seaport
el puerto de mar
woods
el monte
hill
la colina
tug
el remolcador
mountain
la montaña
village
el pueblo
windmill
el molino de viento
river
el río
pond
la laguna
log cabin
la cabaña
mountain
climbers
los alpinistas
road
el camino
forest
el bosque
knapsack
la alforja
cliff
el precipicio
apple
la manzana

HOLIDAYS

Holidays are happy times, aren't they?
Which holiday do you like best? I bet you like them all.
On holidays we visit friends and relatives.
Sometimes we give or get presents.
What would you like to get for your birthday?

LOS DÍAS DE FIESTA

En los días de fiesta estamos muy contentos, ¿verdad?
¿Cuál es el día de fiesta que más te gusta?
Estoy seguro de que te gustan todos.
En los días de fiesta visitamos a amigos y parientes.
A veces hacemos o recibimos regalos.
¿Qué te gustaría que te regalaran para tu cumpleaños?

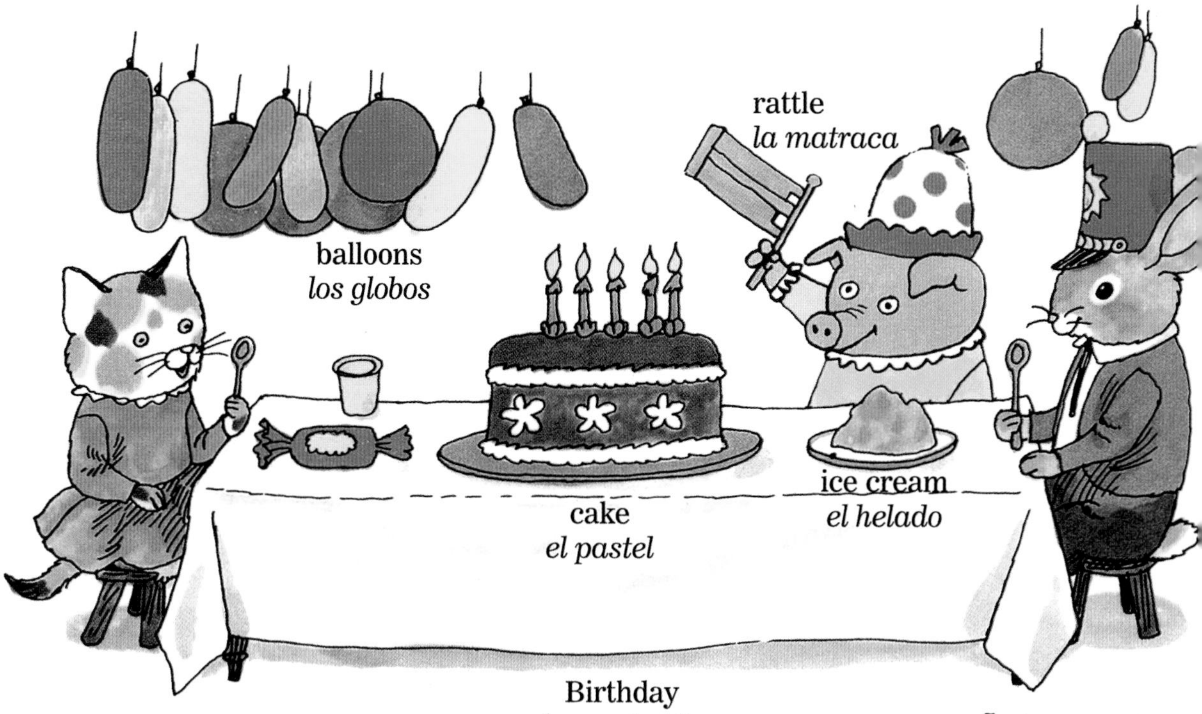

ghost
el fantasma
Halloween
Halloween
moon
la luna
witch
la bruja
skeleton
el esqueleto
black cat
el gato negro
witch broom
la escoba de la bruja
pumpkin
la calabaza
Chanukah
Chanukah
trick-or-treat bag
la bolsa para las golosinas
angel
el ángel
menorah
la menorah
candle
la vela
wreath
la corona
Christmas
Navidad
Christmas tree
el árbol de Navidad
ornaments
los adornos
holly
el acebo
tree lights
las lucecitas
del árbol
stockings
as medias
ra regalos
beard
la barba
fireplace
la chimenea
Santa Claus
Papá Noel
bag
la bolsa
present
el regalo

AT SCHOOL

School is fun. There are so many things we learn to do. Kathy Bear is learning how to find a lost mitten.

EN LA ESCUELA

La escuela es divertida. Hay tantas cosas que aprendemos a hacer. La osa Kathy está aprendiendo a buscar un mitón que se le perdió.

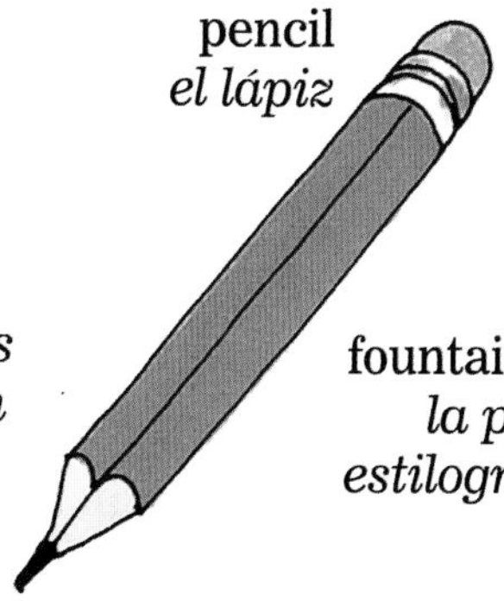

pencil
el lápiz

fountain pen
la pluma estilográfica

ball-point pen
el bolígrafo

pencil sharpener
el sacapuntas

notebook
el cuaderno de notas

paper
el papel

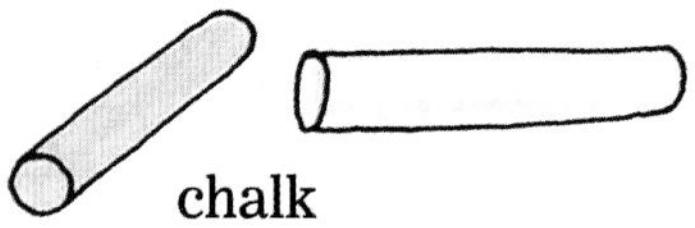

chalk
la tiza

straw
la pajita

milk
la leche

ink
la tinta

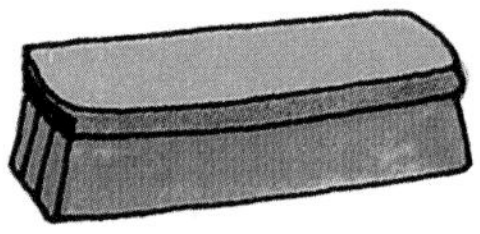

chalkboard eraser
el borrador de tiza

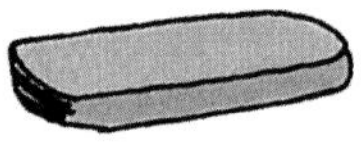

eraser
la goma para borrar

cookies
las galletas

scissors
las tijeras

string
el cordel

yarn
el estambre

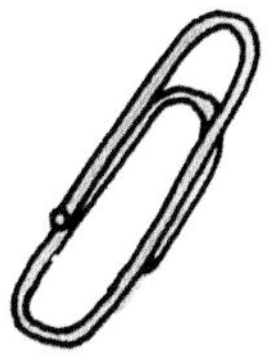

paper clip
el clip

paste
el engrudo

workbook
el cuaderno

storybook
el libro de cuentos

thumbtacks
las tachuelas

modeling clay
la plastilina

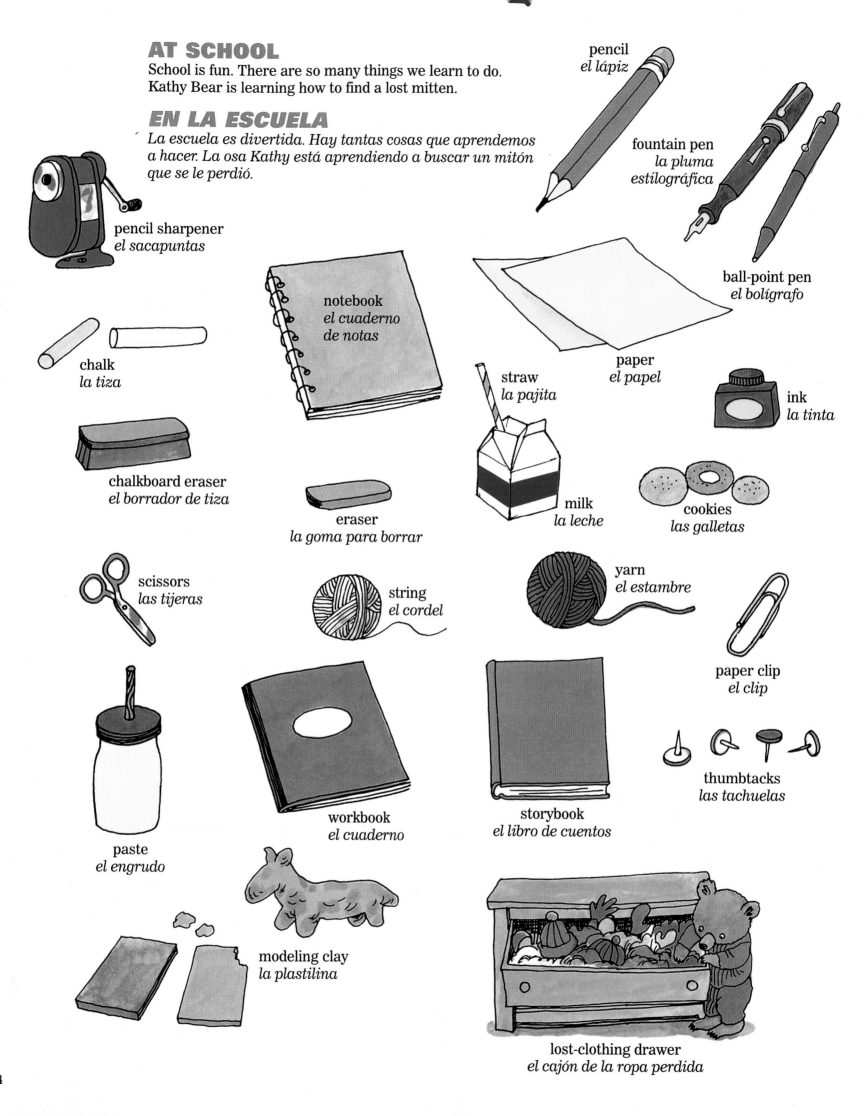

lost-clothing drawer
el cajón de la ropa perdida

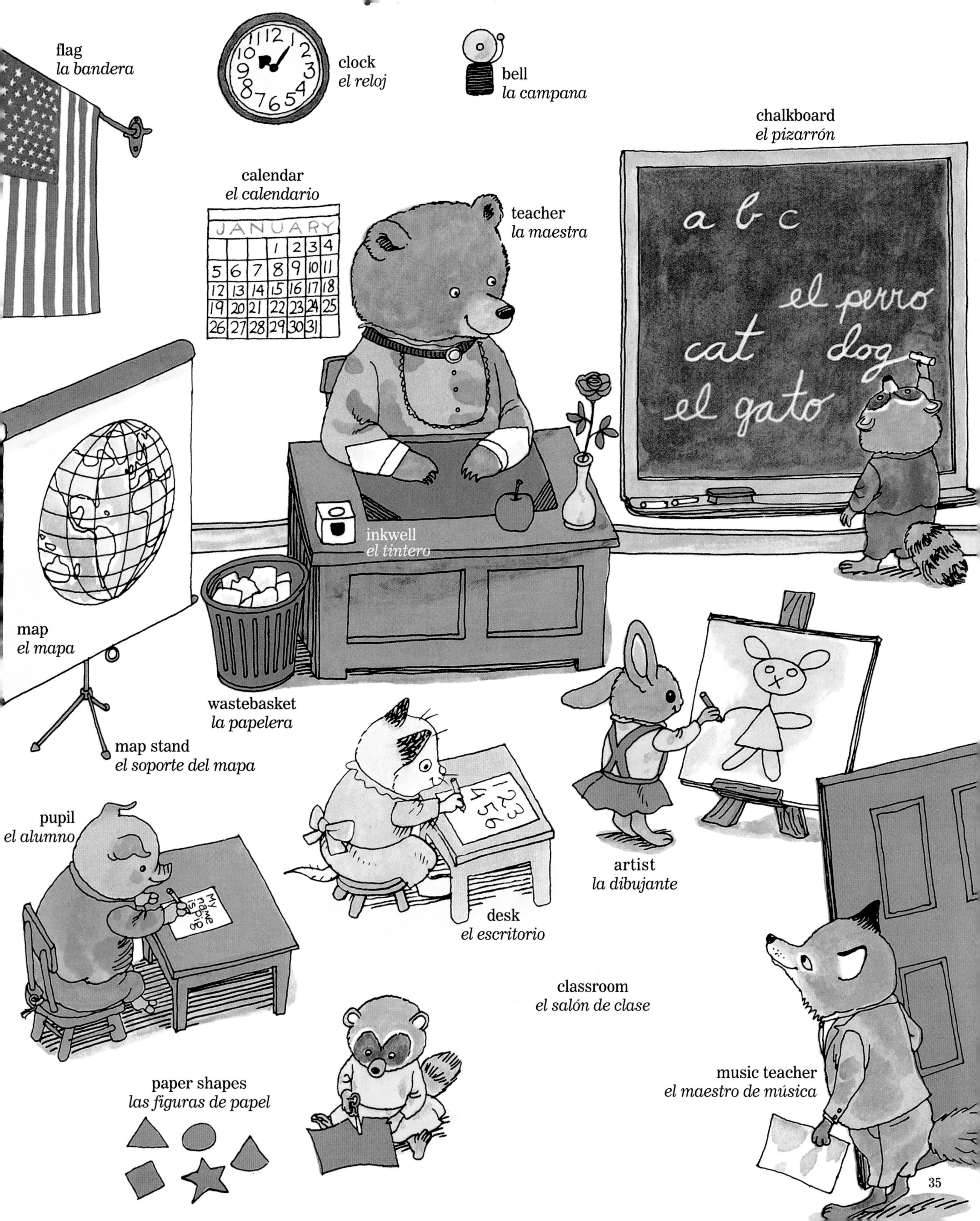
flag
la bandera
clock
el reloj
bell
la campana
chalkboard
el pizarrón
calendar
el calendario
JANUARY
teacher
la maestra
a b c
el perro
cat dog
el gato
inkwell
el tintero
map
el mapa
wastebasket
la papelera
map stand
el soporte del mapa
pupil
el alumno
My name is Pig
123 456
artist
la dibujante
desk
el escritorio
classroom
el salón de clase
paper shapes
las figuras de papel
music teacher
el maestro de música

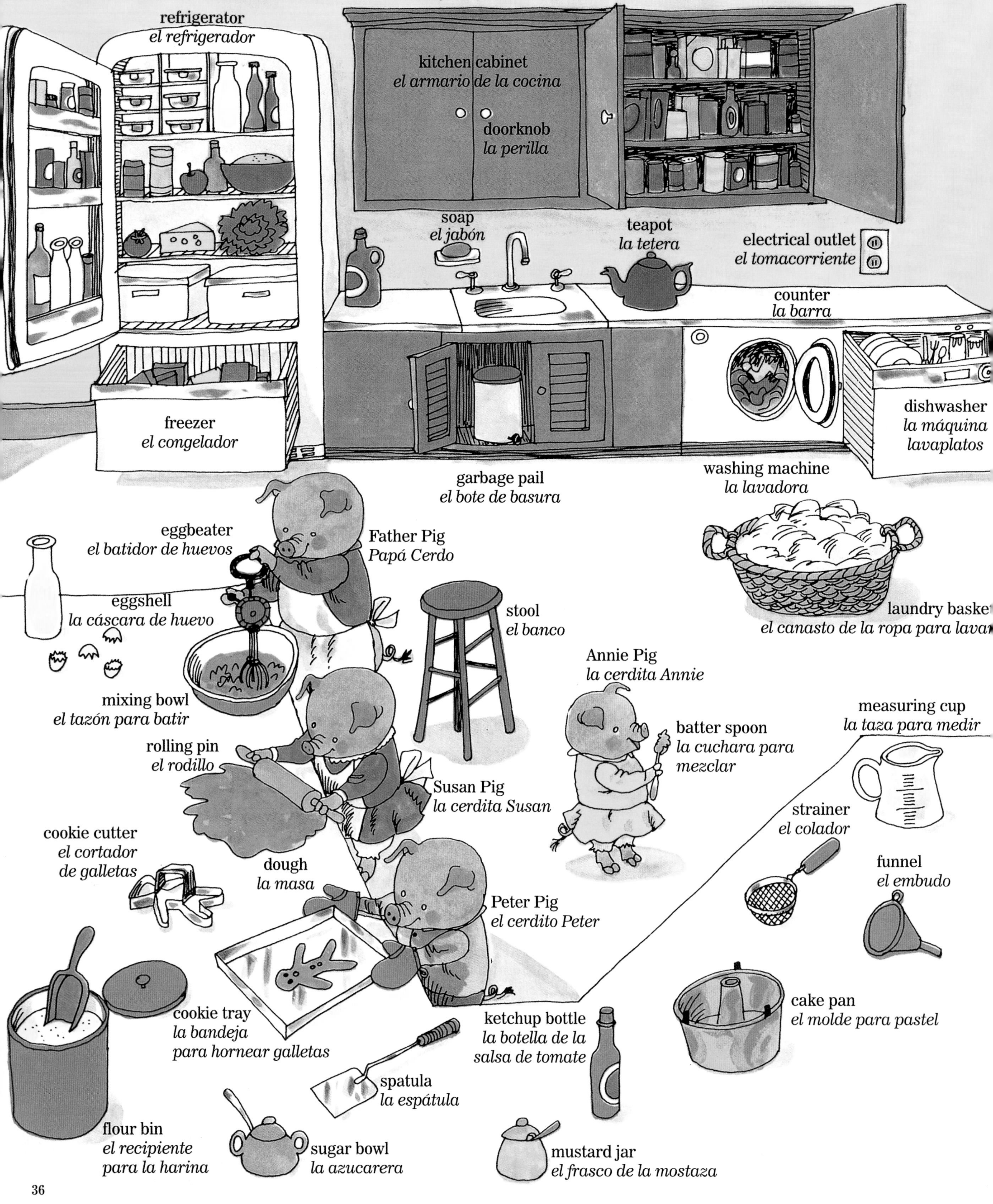
refrigerator
el refrigerador
kitchen cabinet
el armario de la cocina
doorknob
la perilla
soap
el jabón
teapot
la tetera
electrical outlet
el tomacorriente
counter
la barra
freezer
el congelador
dishwasher
la máquina lavaplatos
garbage pail
el bote de basura
washing machine
la lavadora
eggbeater
el batidor de huevos
Father Pig
Papá Cerdo
eggshell
la cáscara de huevo
stool
el banco
laundry basket
el canasto de la ropa para lavar
Annie Pig
la cerdita Annie
mixing bowl
el tazón para batir
measuring cup
la taza para medir
batter spoon
la cuchara para mezclar
rolling pin
el rodillo
Susan Pig
la cerdita Susan
strainer
el colador
cookie cutter
el cortador de galletas
dough
la masa
funnel
el embudo
Peter Pig
el cerdito Peter
cake pan
el molde para pastel
cookie tray
la bandeja para hornear galletas
ketchup bottle
la botella de la salsa de tomate
spatula
la espátula
flour bin
el recipiente para la harina
sugar bowl
la azucarera
mustard jar
el frasco de la mostaza

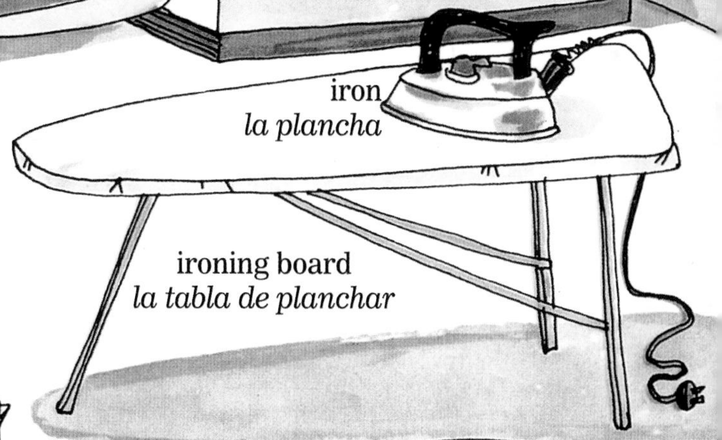

IN THE KITCHEN

All the Pigs like to work in the kitchen. They are making good things to eat. What is Father Pig making? What is Mother Pig putting into the oven?

EN LA COCINA

A todos los cerditos les gusta trabajar en la cocina. Están preparando cosas ricas de comer. ¿Qué está haciendo Papá Cerdo? ¿Qué está poniendo en el horno Mamá Cerdo?

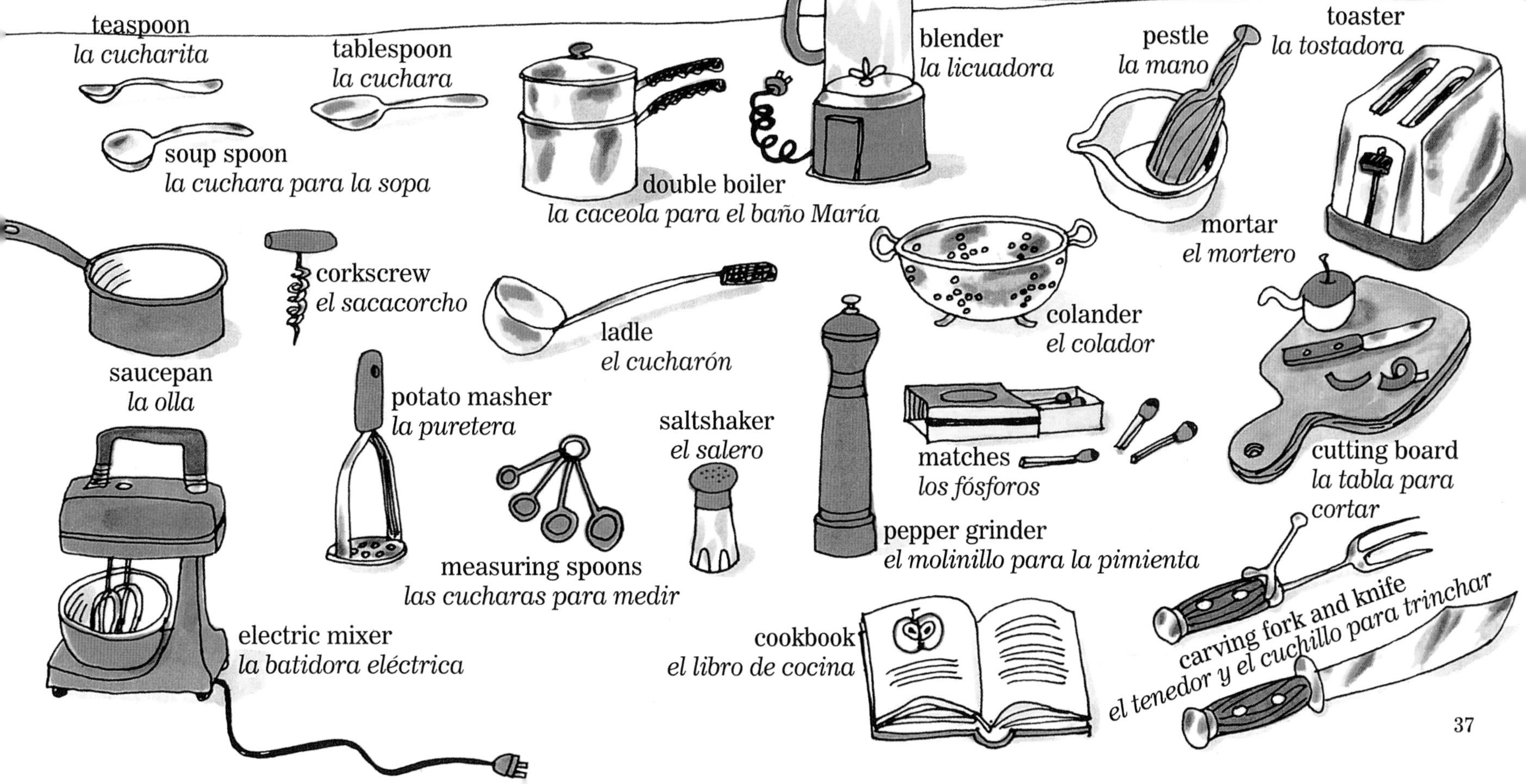

WHEN YOU GROW UP

What would you like to be when you are bigger? Would you like to be a good cook like your father? Would you like to be a doctor or a nurse? What would you like to be?

CUANDO CREZCAS

¿Qué te gustaría ser cuando seas más grande? ¿Te gustaría ser un buen cocinero como tu papá? ¿Te gustaría ser doctor o enfermero? ¿Qué te gustaría ser?

police officer
el agente de policía

fire fighter
el bombero

sailor
el marinero

nurse
la enfermera

taxi driver
el taxista

farmer
el granjero

gardener
el jardinero

doctor
el doctor

carpenter
el carpintero

musician
el músico

scientist
el científico

secretary
la secretaria

baker
el panadero

dentist
el dentista

good cook
el buen cocinero

singer
la cantante

artist
el pintor

pilot
el piloto

fisherman
el pescador

truck driver
el camionero

teacher
el maestro

garage mechanic
el mecánico

reporter
el reportero

photographer
la fotógrafa

storekeeper
el empleado de la tienda

judge
el juez

librarian
la bibliotecaria

dancer
la bailarina

daddy
el papá

mommy
la mamá

THINGS WE DO

There are many things that we can do. And there are some things we cannot do. What is one thing we can't do? Look and see.

LAS COSAS QUE HACEMOS

Hay muchas cosas que podemos hacer. Y hay algunas cosas que no podemos hacer. ¿Qué cosa no podemos hacer? Fíjate.

dig
cavar

blow
soplar

build
construir

break
romper

sleep
dormir

awaken
despertar

walk
caminar

run
correr

stand
estar parados

sit
estar sentados

read
leer

watch
mirar

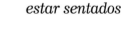

draw and write
dibujar y escribir

pull
jalar

push
empujar

kick
patear

talk
hablar

listen
escuchar

shout
gritar

whisper
murmurar

eat
comer

laugh
reír

smile
sonreír

cry
llorar

jump over
saltar sobre algo

crawl under
arrastrarnos debajo de algo

drink
beber

fall down
caernos

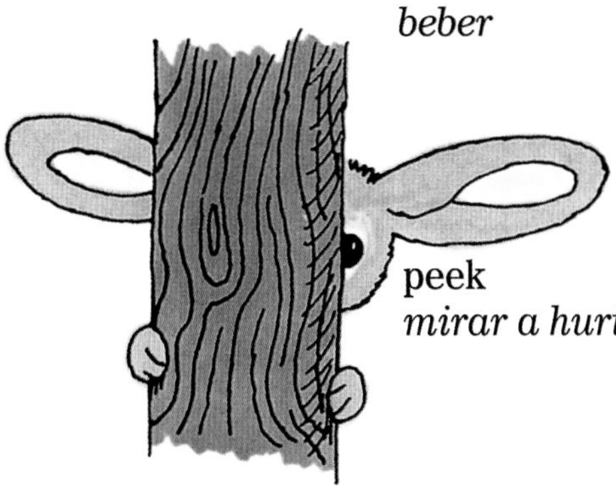

peek
mirar a hurtadillas

we can't fly
no podemos volar

tip a hat
saludar con el sombrero

go up
subir

go down
bajar

go in
entrar

come out
salir

WORK MACHINES

Busy, busy, busy bears. Most of the bears are busy moving dirt with their machines. But there is one bear who has a machine which does something else to the dirt. Which bear is it? What is she doing?

LAS MÁQUINAS PARA TRABAJAR

Los osos están muy muy muy ocupados. La mayoría de los osos están ocupados moviendo tierra con sus máquinas. Aunque hay un oso que tiene una máquina que le hace otra cosa a la tierra. ¿Cuál es ese oso? ¿Qué está haciendo?

bulldozer
la niveladora

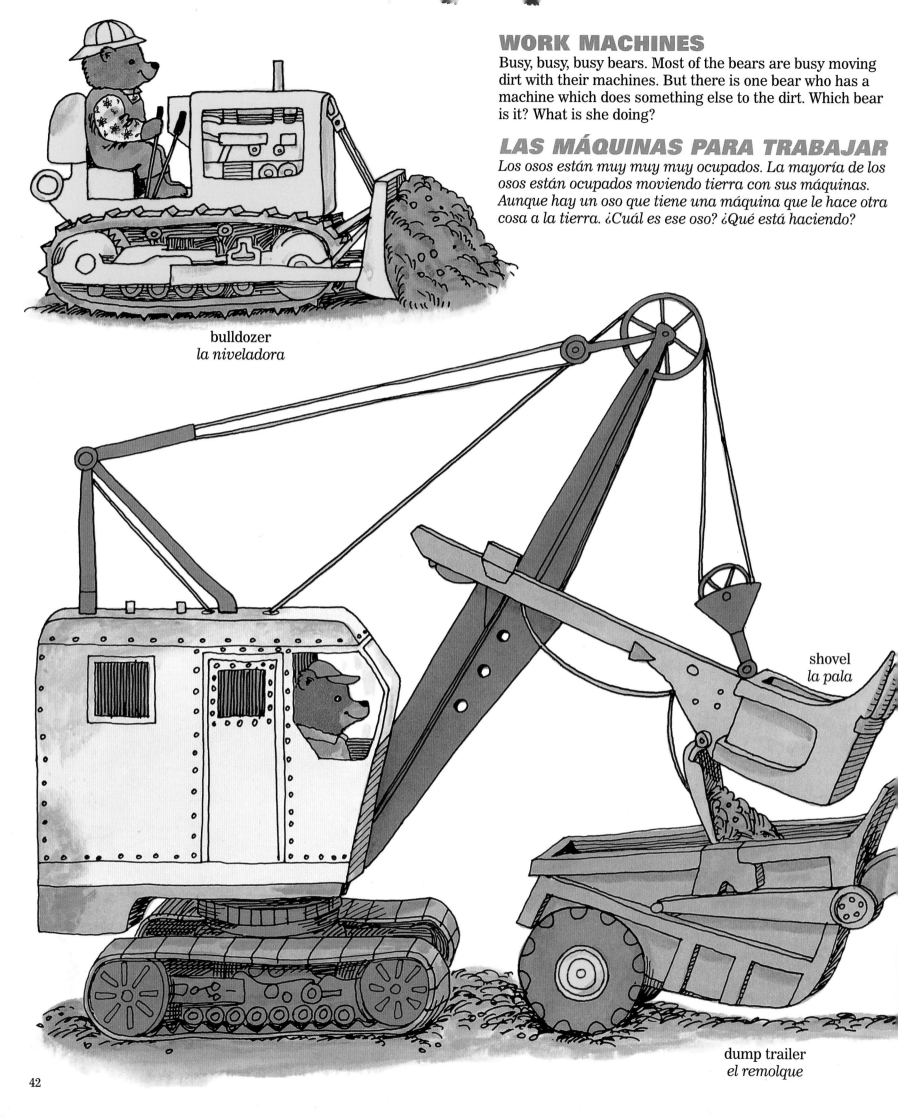

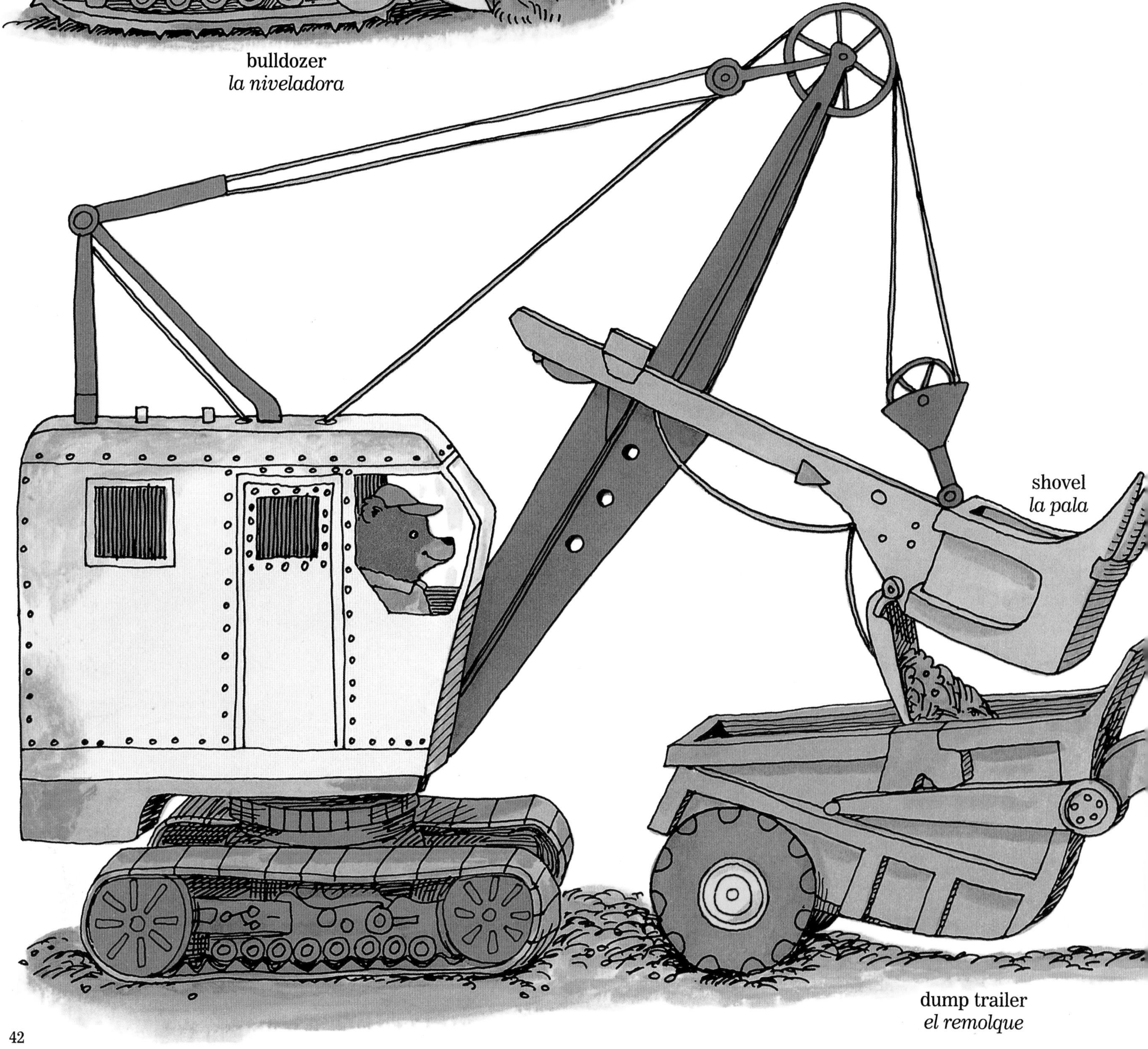

shovel
la pala

dump trailer
el remolque

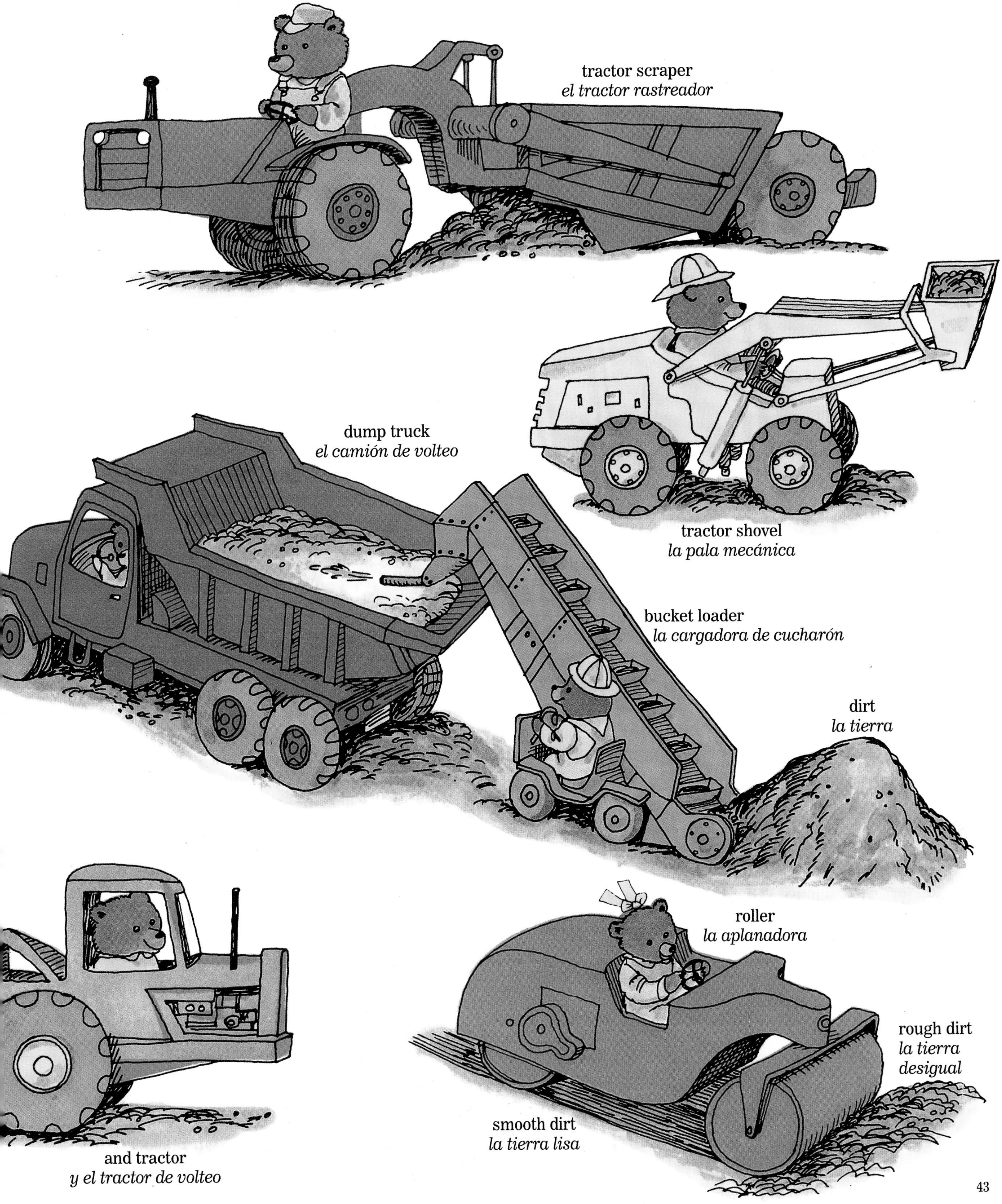
tractor scraper
el tractor rastreador
dump truck
el camión de volteo
tractor shovel
la pala mecánica
bucket loader
la cargadora de cucharón
dirt
la tierra
roller
la aplanadora
rough dirt
la tierra desigual
smooth dirt
la tierra lisa
and tractor
y el tractor de volteo

automobile carrier
el transportador de automóviles

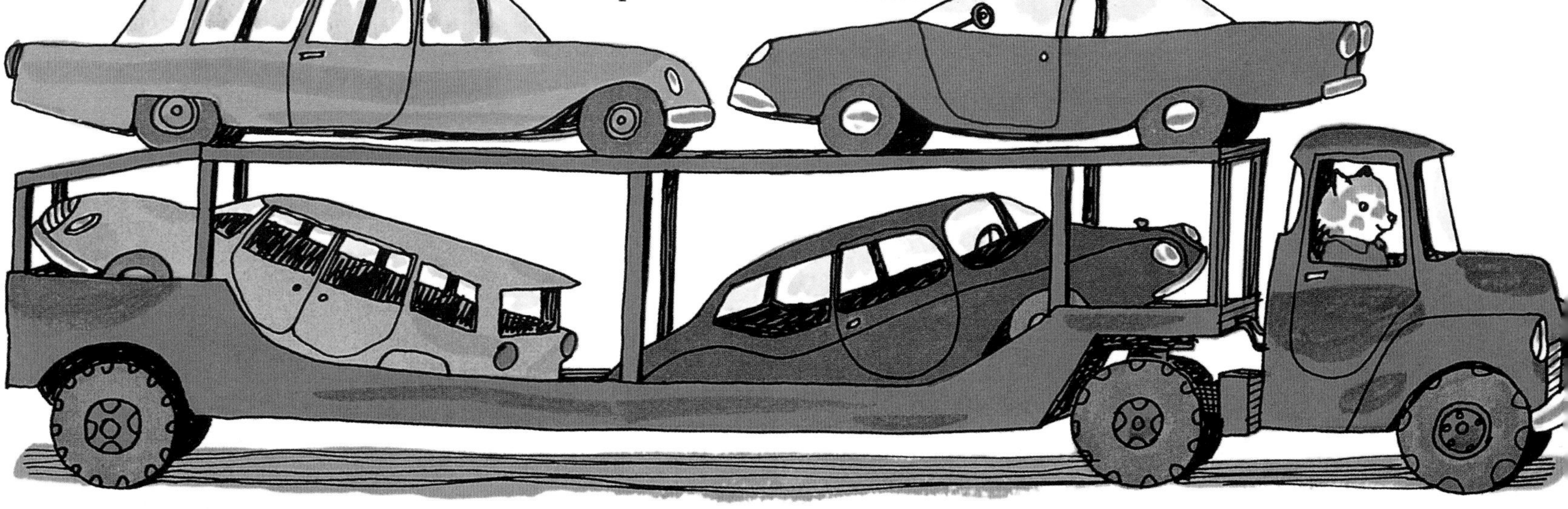

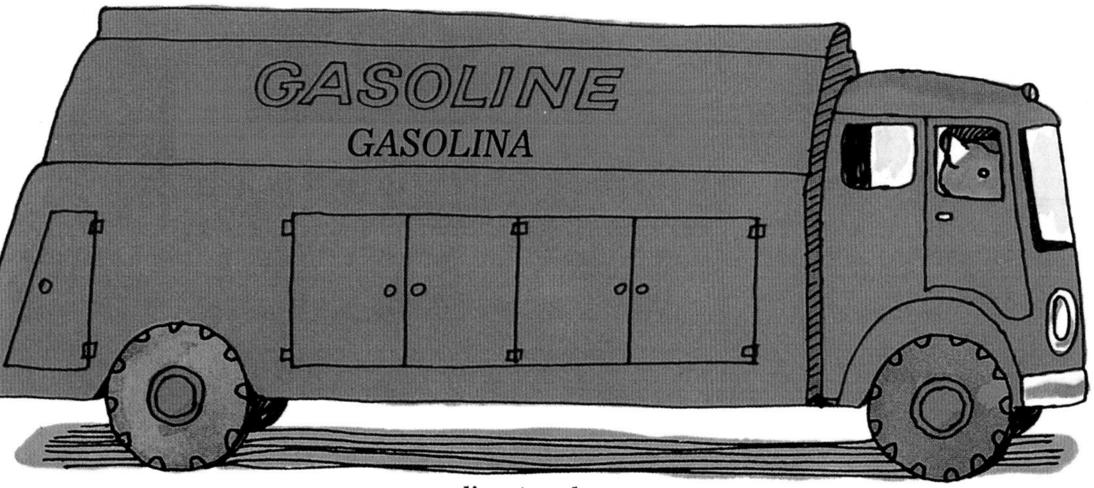

milk truck
el camión repartidor de leche

gasoline truck
el camión de gasolina

broken-down car
el auto descompuesto

motorcycle
el motocicleta

tow truck
el camión grúa

taxi
el taxi

sports car
el auto deportivo

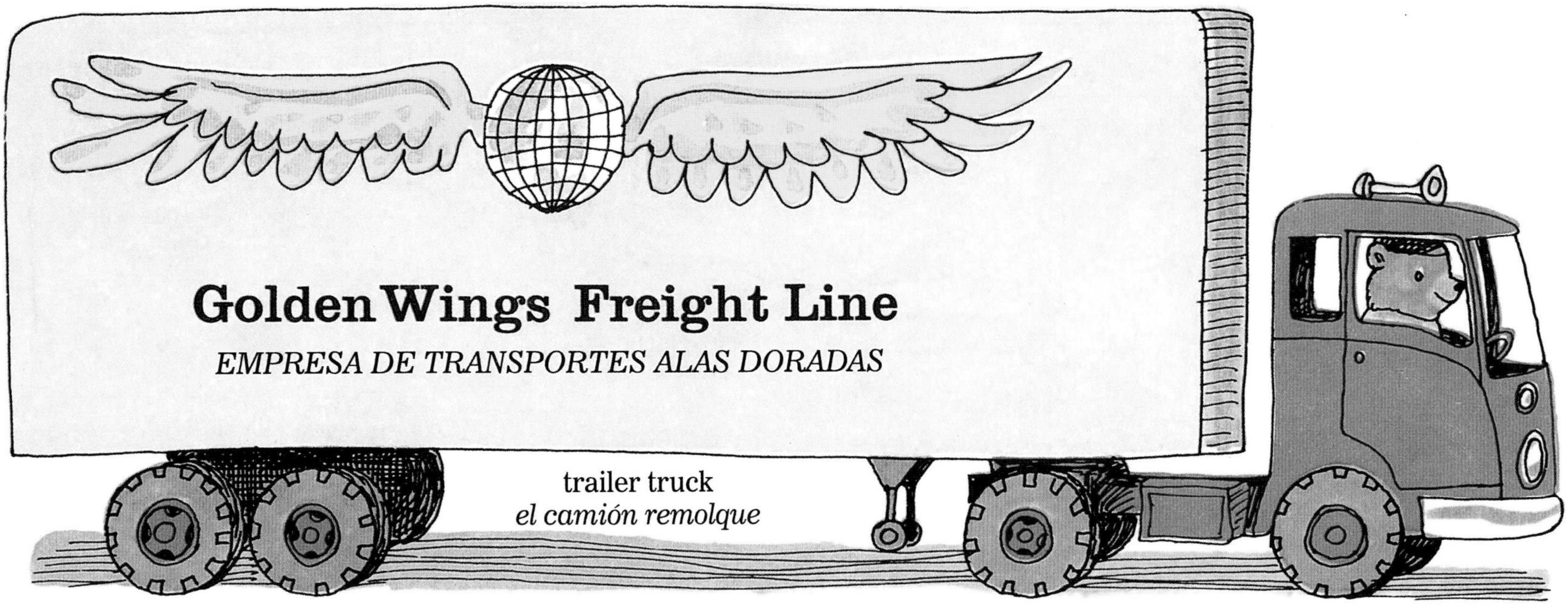

trailer truck
el camión remolque

CARS AND TRUCKS

Down the street go the cars and trucks. But look! Some of the cars don't have drivers. Which cars have no drivers?

AUTOS Y CAMIONES

Por la calle pasan autos y camiones. ¡Mira! Algunos autos no tienen conductor. ¿Qué autos no tienen conductor?

garbage truck
el camión de la basura

boat trailer
el remolcador de botes

station wagon
la camioneta

motor scooter
la motoneta

School Bus
Autobús escolar

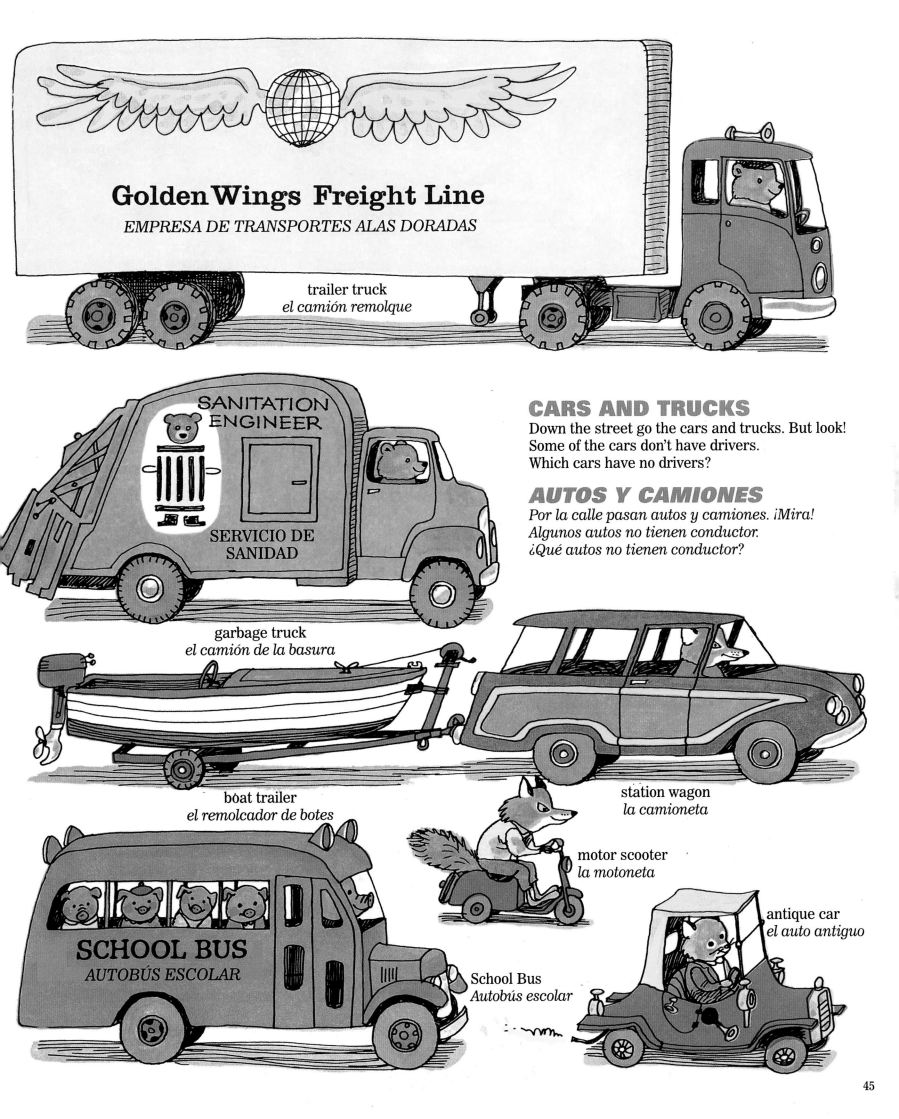

antique car
el auto antiguo

SHAPES AND SIZES
LAS FORMAS Y LOS TAMAÑOS

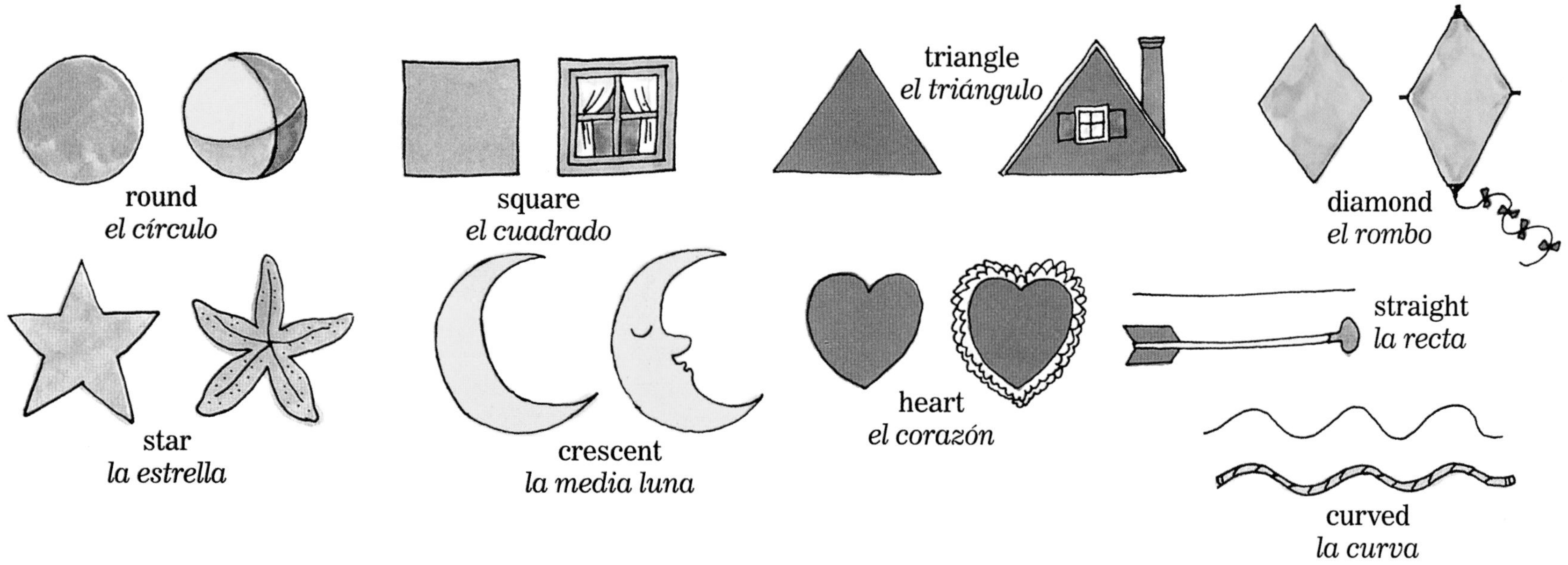

THE BABY

The Cat family has a new baby kitten. They don't know what to name it. What would you like to name the new baby? Write the kitten's name here.

____

EL BEBÉ

La familia Gato tiene un nuevo gatito bebé. No saben qué nombre ponerle. ¿Qué nombre te gustaría ponerle al nuevo bebé? Escribe aquí el nombre del gatito.

____

AT THE CIRCUS

The band is playing and the animals are doing their acts. What do you like to watch best at the circus?

EN EL CIRCO

La banda está tocando música y los animales están actuando. ¿Qué es lo que más te gusta mirar en el circo?

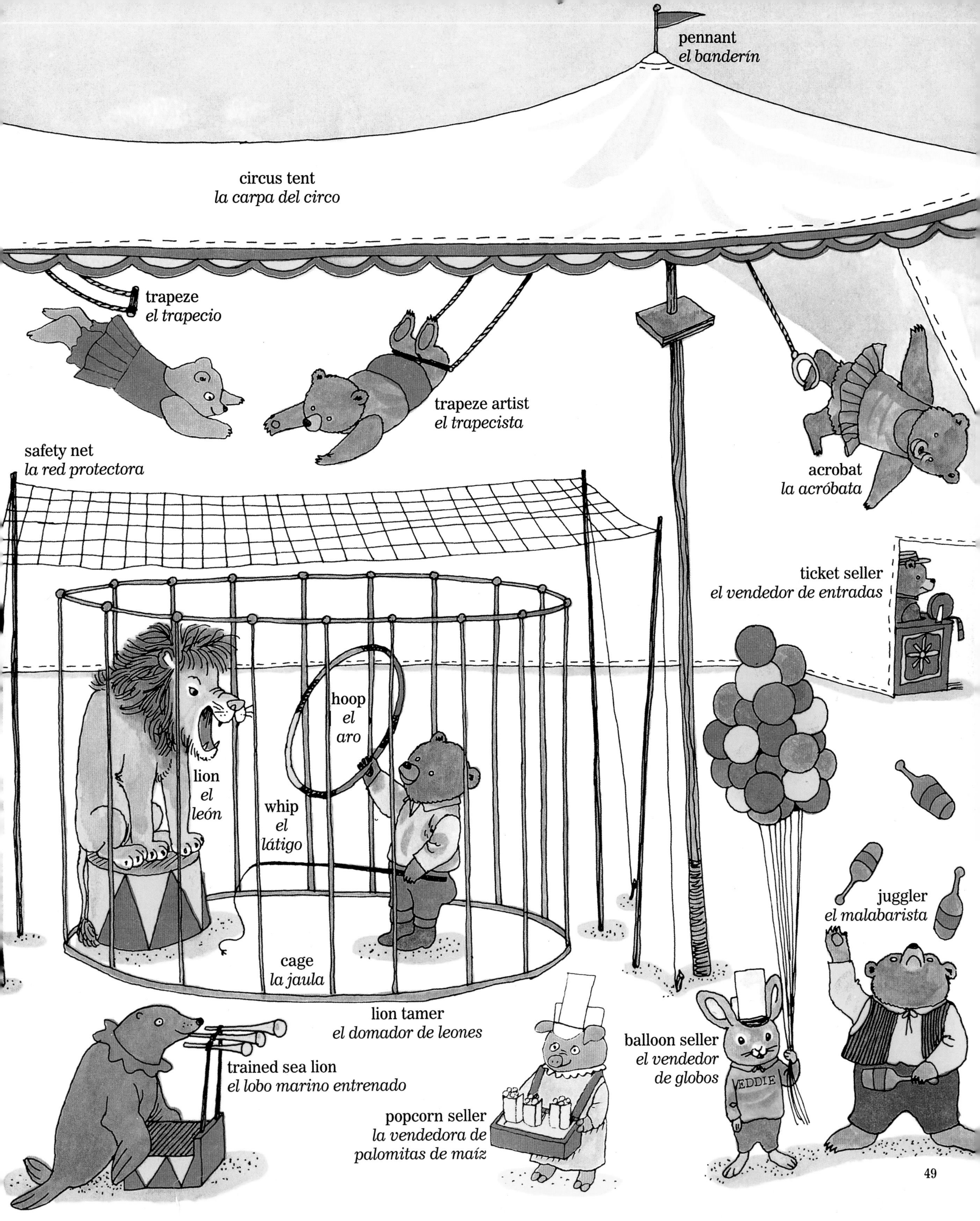
pennant
el banderín
circus tent
la carpa del circo
trapeze
el trapecio
trapeze artist
el trapecista
acrobat
la acróbata
safety net
la red protectora
ticket seller
el vendedor de entradas
hoop
el
aro
lion
el
león
whip
el
látigo
juggler
el malabarista
cage
la jaula
lion tamer
el domador de leones
balloon seller
el vendedor
de globos
EDDIE
trained sea lion
el lobo marino entrenado
popcorn seller
la vendedora de
palomitas de maíz

THE FIRE FIGHTERS TO THE RESCUE

Will the brave fire fighters put out the fire in time?
I think so, don't you?

LOS BOMBEROS AL RESCATE

¿Podrán los valientes bomberos apagar a tiempo el incendio?
Yo creo que sí, ¿y tú?

rescue truck
el camión de rescate

police car
la patrulla

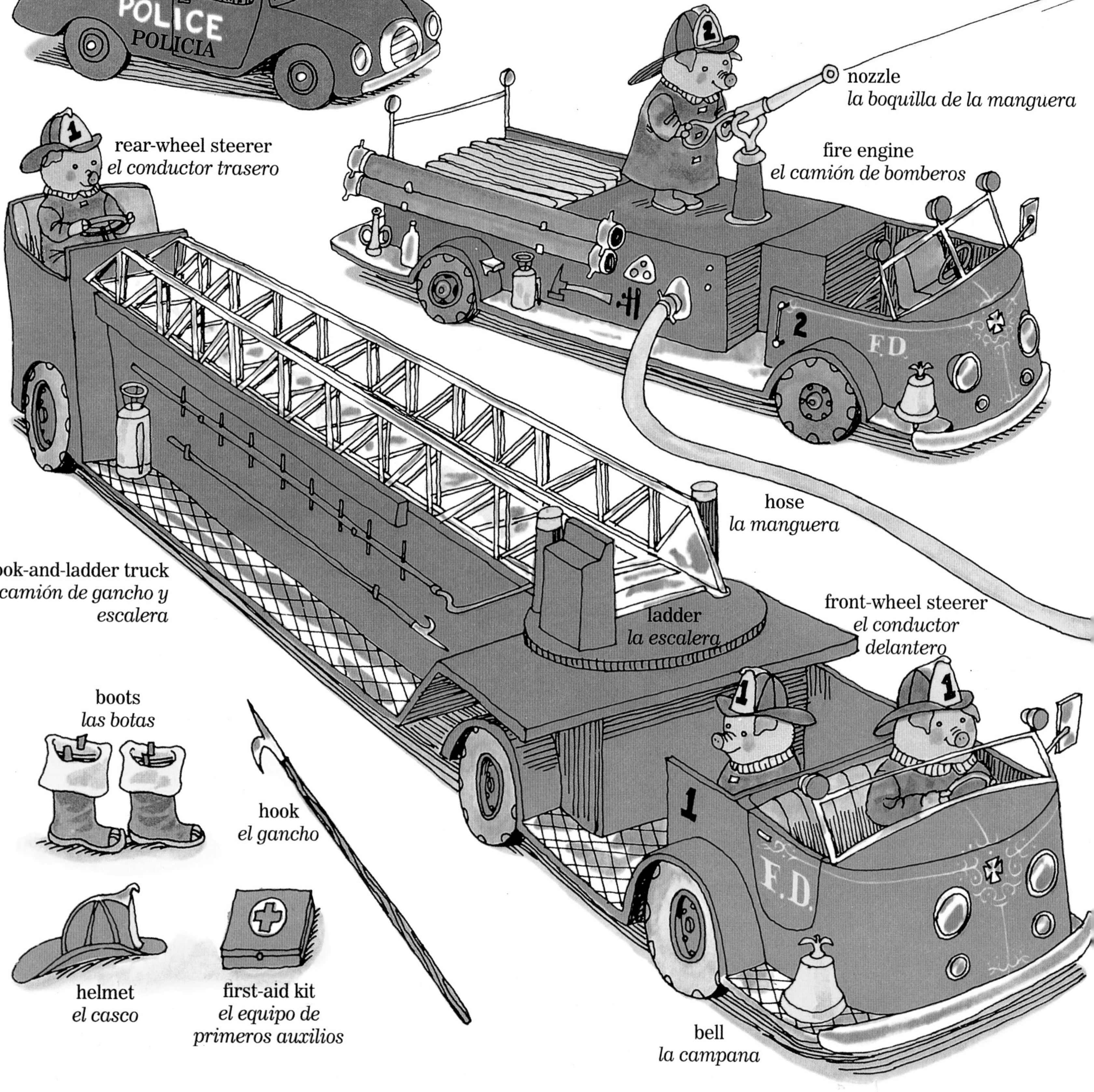

nozzle
la boquilla de la manguera

fire engine
el camión de bomberos

rear-wheel steerer
el conductor trasero

hose
la manguera

hook-and-ladder truck
el camión de gancho y escalera

ladder
la escalera

front-wheel steerer
el conductor delantero

boots
las botas

hook
el gancho

helmet
el casco

first-aid kit
el equipo de primeros auxilios

bell
la campana

ambulance
la ambulancia
F.D.
D. DE B.
flames
las llamas
water
el agua
fire chief
el jefe de bomberos
megaphone
el altoparlante
CHIEF F.D.
D. de B.
JEFE
cat in danger
el gato en peligro
fire chief's car
el auto del jefe de bomberos
pumper
el camión-bomba
fire fighter
el bombero
F.D.
3
fire hydrant
la bomba de agua
ladder
la escalera
fire fighters
los bomberos
rescue net
la red de salvamento
fire fighter
el bombero
fire extinguisher
el extintor
de incendios

TRAINS

Which train do you think would be the most fun to run? Would it be a freight train or a passenger train?

LOS TRENES

¿En qué tren te parece que será más divertido viajar? ¿En un tren de carga o en un tren de pasajeros?

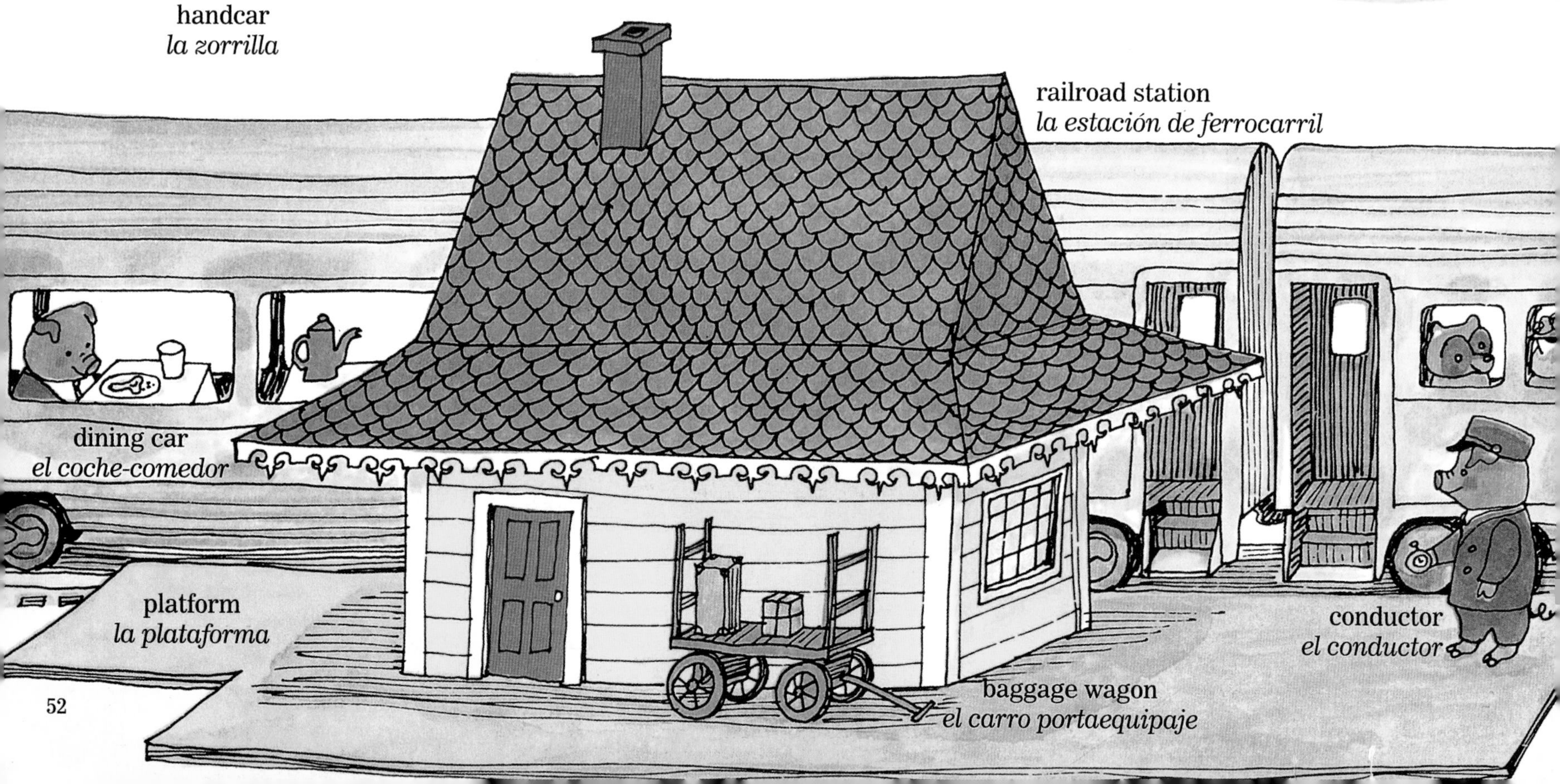

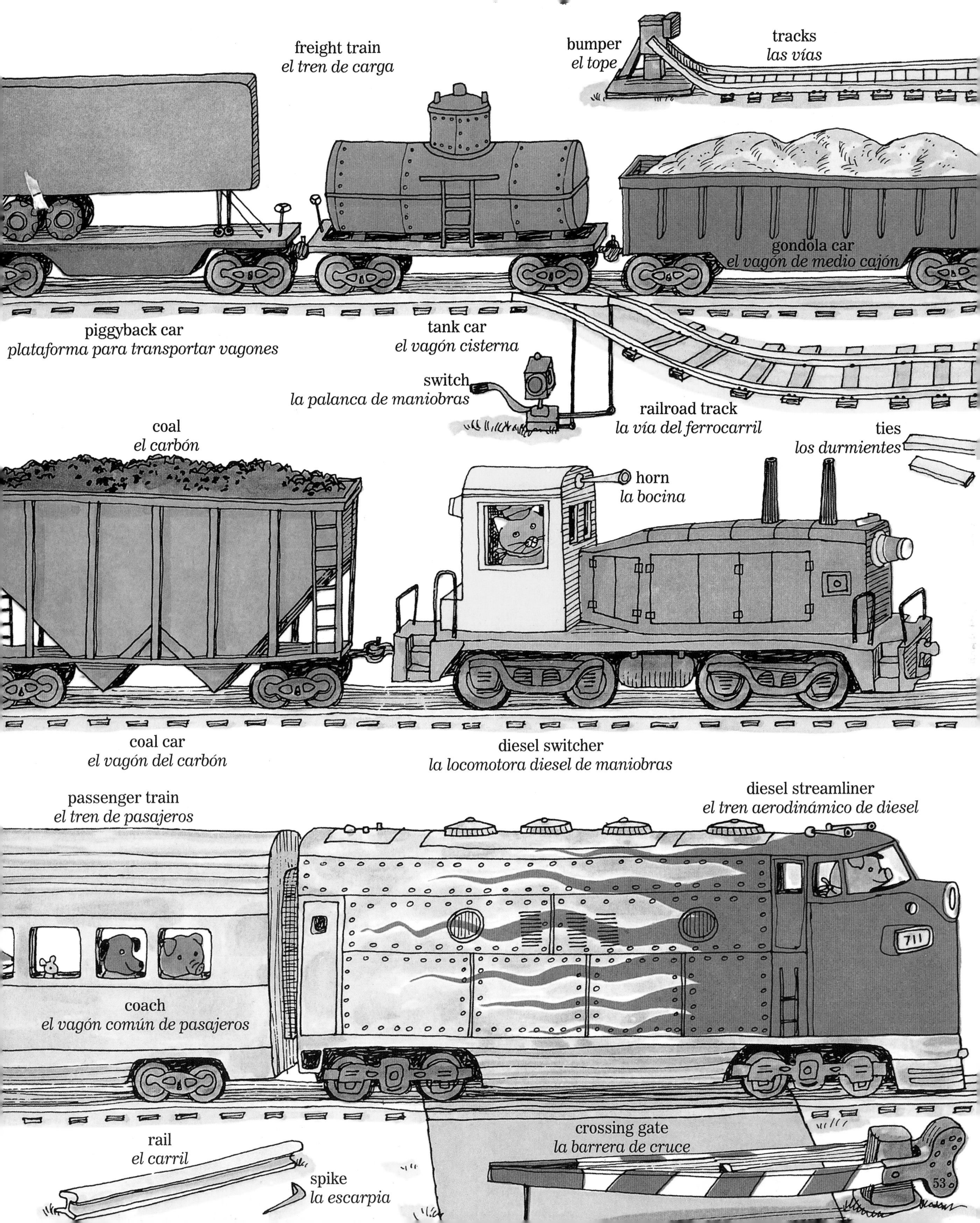
freight train
el tren de carga
bumper
el tope
tracks
las vías
gondola car
el vagón de medio cajón
piggyback car
plataforma para transportar vagones
tank car
el vagón cisterna
switch
la palanca de maniobras
railroad track
la vía del ferrocarril
ties
los durmientes
coal
el carbón
horn
la bocina
coal car
el vagón del carbón
diesel switcher
la locomotora diesel de maniobras
passenger train
el tren de pasajeros
diesel streamliner
el tren aerodinámico de diesel
711
coach
el vagón común de pasajeros
rail
el carril
spike
la escarpia
crossing gate
la barrera de cruce

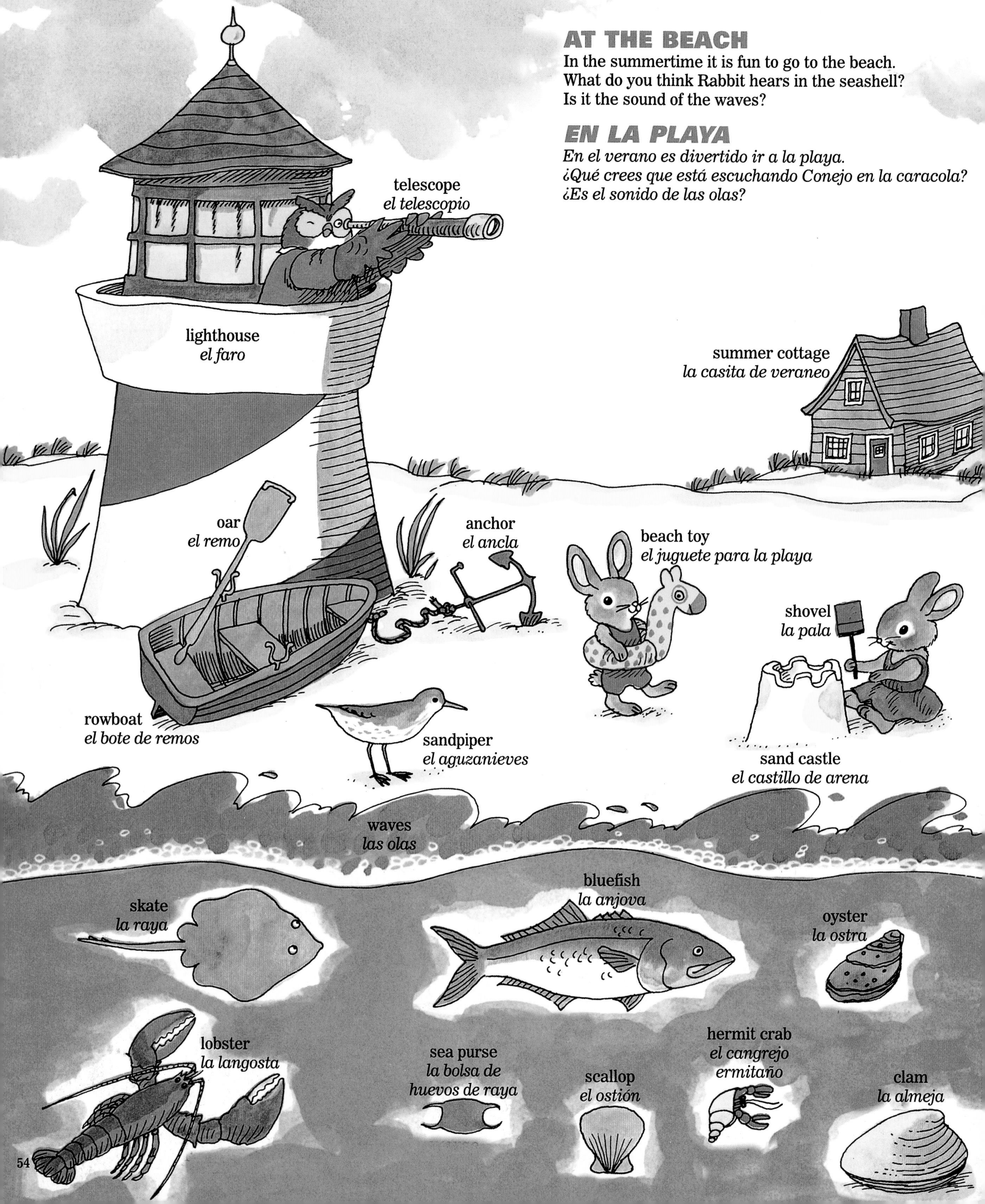

AT THE BEACH
In the summertime it is fun to go to the beach.
What do you think Rabbit hears in the seashell?
Is it the sound of the waves?
EN LA PLAYA
En el verano es divertido ir a la playa.
¿Qué crees que está escuchando Conejo en la caracola?
¿Es el sonido de las olas?
telescope
el telescopio
lighthouse
el faro
summer cottage
la casita de veraneo
oar
el remo
anchor
el ancla
beach toy
el juguete para la playa
shovel
la pala
rowboat
el bote de remos
sandpiper
el aguzanieves
sand castle
el castillo de arena
waves
las olas
bluefish
la anjova
skate
la raya
oyster
la ostra
lobster
la langosta
sea purse
la bolsa de
huevos de raya
hermit crab
el cangrejo
ermitaño
scallop
el ostión
clam
la almeja

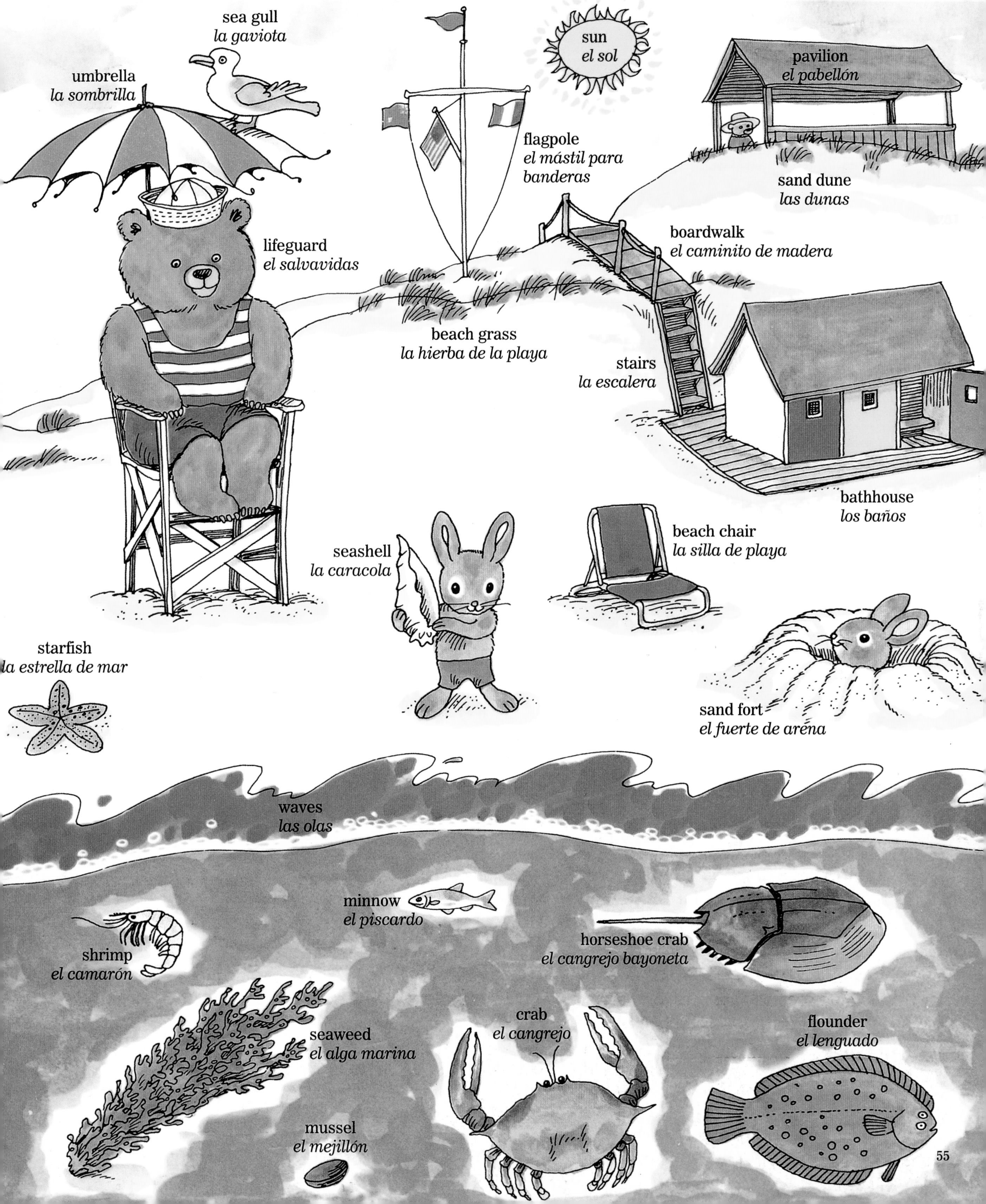
sea gull
la gaviota
umbrella
la sombrilla
sun
el sol
pavilion
el pabellón
flagpole
el mástil para banderas
sand dune
las dunas
lifeguard
el salvavidas
boardwalk
el caminito de madera
beach grass
la hierba de la playa
stairs
la escalera
bathhouse
los baños
beach chair
la silla de playa
seashell
la caracola
starfish
la estrella de mar
sand fort
el fuerte de arena
waves
las olas
minnow
el piscardo
shrimp
el camarón
horseshoe crab
el cangrejo bayoneta
crab
el cangrejo
seaweed
el alga marina
flounder
el lenguado
mussel
el mejillón

MAKING THINGS GROW

Everyone is working in the garden. Mr. Crow has a seed in his mouth. Do you think he will plant it? Or will he eat it?

PARA QUE LAS COSAS CREZCAN

Todos están trabajando en la huerta. El señor Cuervo tiene una semilla en su boca. ¿Crees que la plantará? ¿O se la comerá?

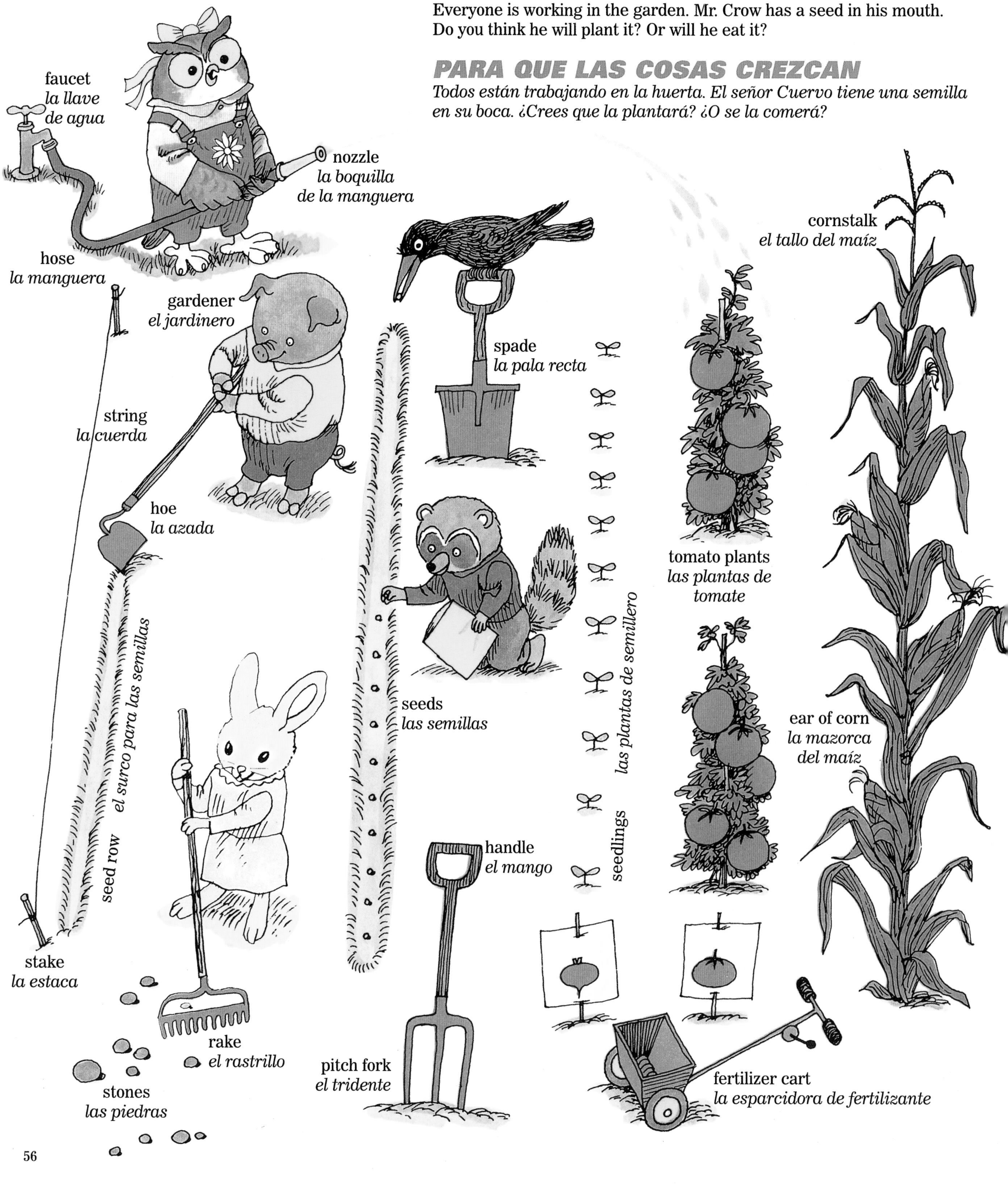

THE WEATHER

When we go outdoors we see what the weather is like. Sometimes it is sunny. Sometimes it is cloudy. It can be windy, or cold, or hot. It can be snowing or raining. What was the weather like outdoors today? What is your favorite kind of weather?

EL TIEMPO

Cuando salimos afuera vemos cómo está el tiempo. A veces está soleado. A veces está nublado. Puede soplar viento, o hacer frío o calor. Puede estar nevando o lloviendo. ¿Cómo estaba el tiempo hoy? ¿A ti cómo te gustan los días?

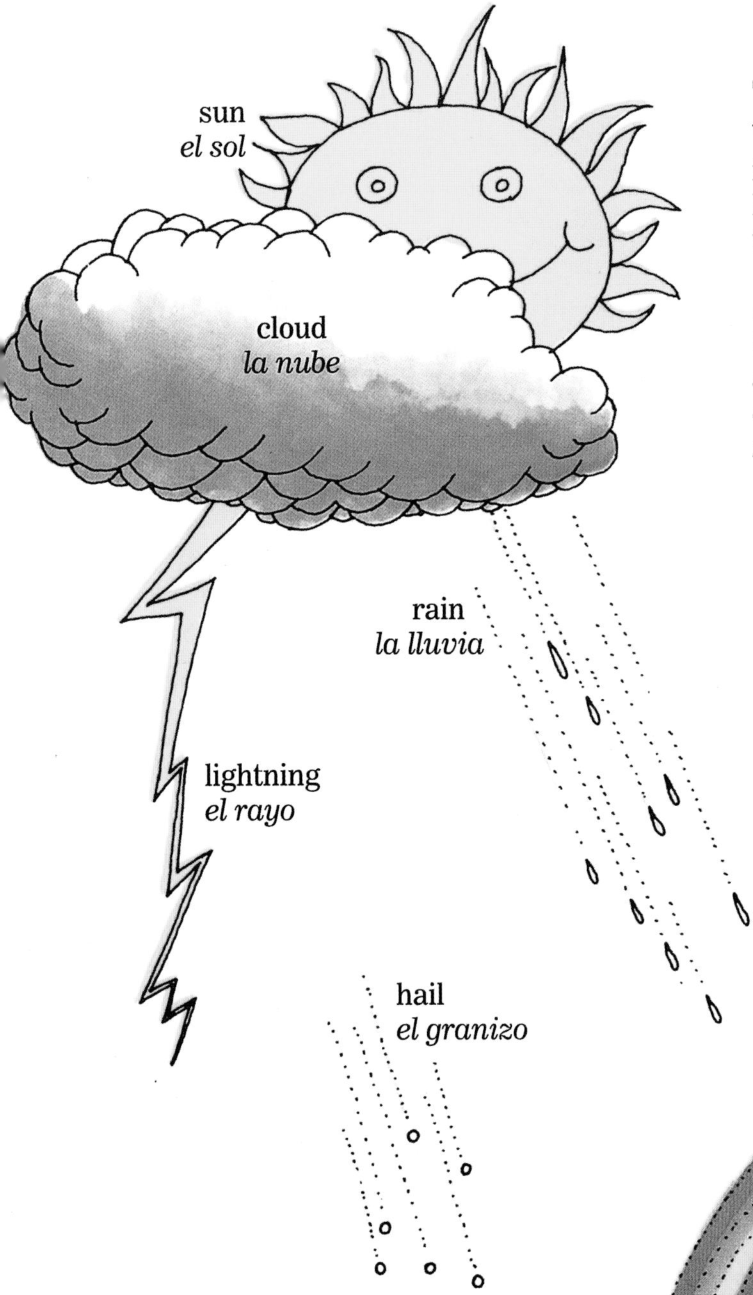

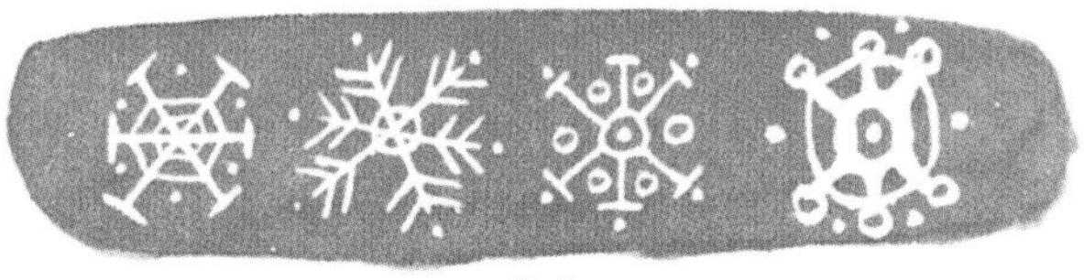

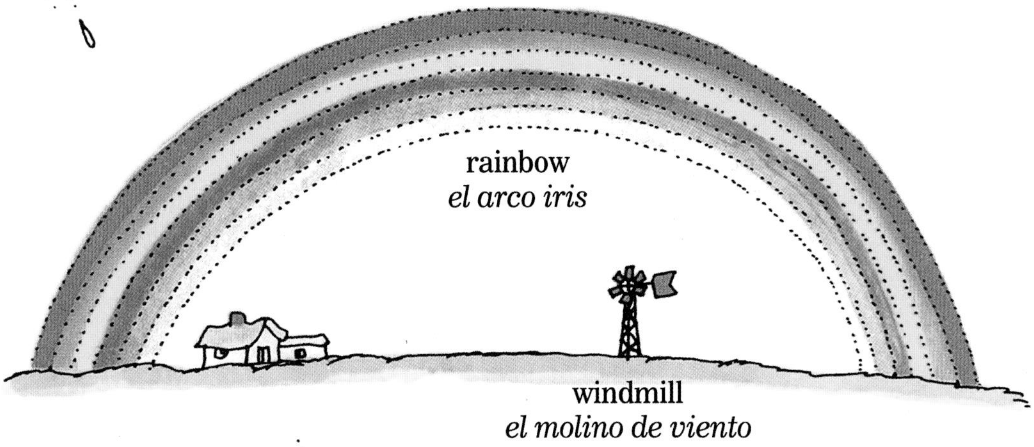

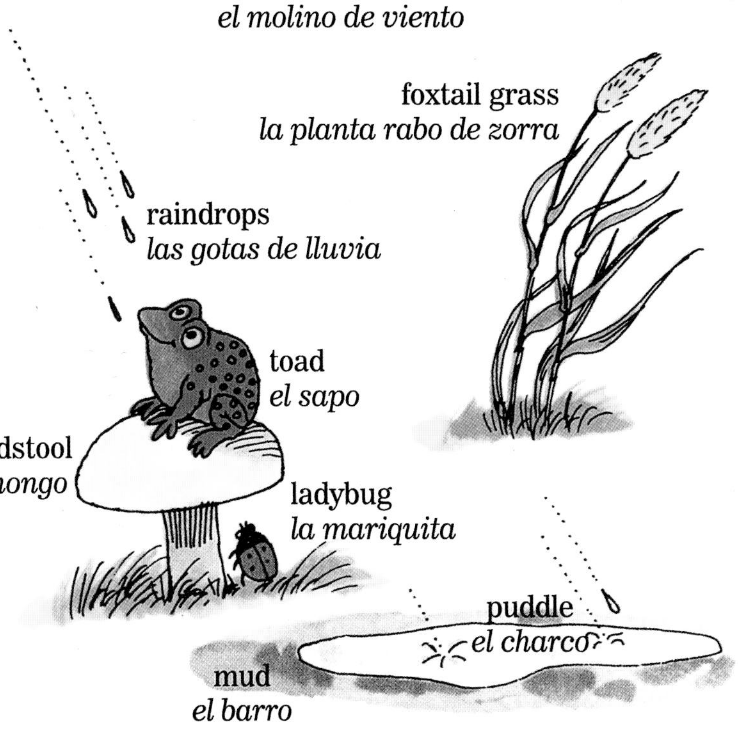

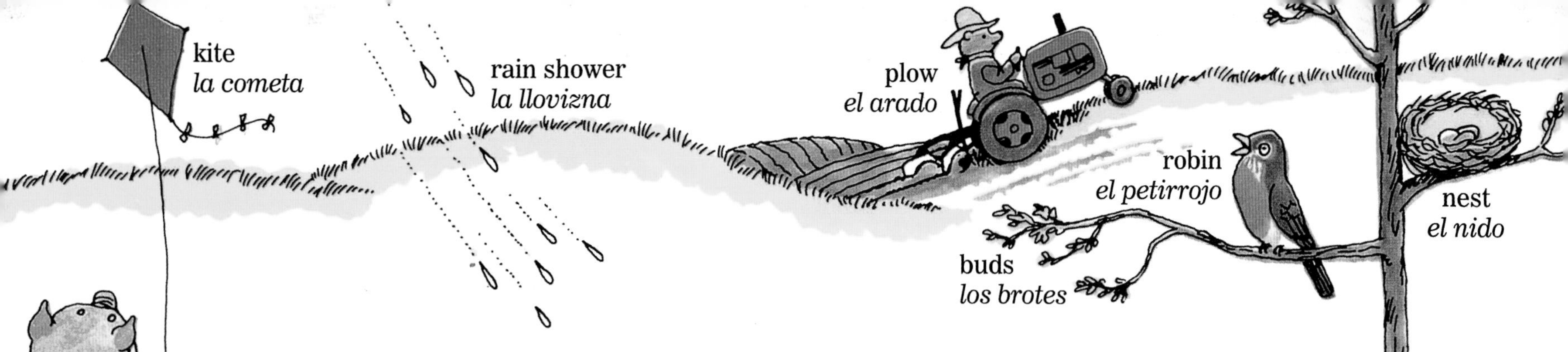

SPRING

Look at that baby lamb hop! It is spring. She is happy. Look at Mr. Bear coming out of his cave! It is spring. He is happy. Now he can use his new lawn mower.

LA PRIMAVERA

¡Mira cómo brinca ese corderito! Ya llegó la primavera. Está feliz. ¡Mira al señor Oso saliendo de su cueva! Ya llegó la primavera. Está feliz. Ahora puede usar su nueva cortadora de césped.

cow
la vaca
meadow
la pradera
calf
el ternero
cornfield
el maizal
station wagon
la camioneta
fence
la cerca
SUMMER
Do you like to go on picnics in the summertime?
Ants just love to go to picnics. Do you know why?
EL VERANO
¿Te gusta ir de día de campo en el verano?
A las hormigas les encanta hacerlo. ¿Sabes por qué?
fly
la mosca
screen
la pantalla
tent
la carpa
cooking grill
la parrilla
picnic basket
la canasta para el día de campo
cooler
la refrigeradora
charcoal
el carbón
hamburger
la hamburguesa
ketchup
la salsa de tomate
hotdog
la salchicha
charcoal bag
la bolsa de carbón
mosquito
el mosquito
paper cup
el vaso desechable
pickle
el pepinillo encurtido
pole
el palo
mustard
la mostaza
rock
la roca
ants
las hormigas
bobber
el flotador
cattails
las espadañas
frog
la rana
dock
el muelle
pond
la laguna
water lily
el nenúfar
dragonfly
la libélula
pebbles
las piedrecillas
stones
las piedras

FALL

In the fall the air gets colder. The green leaves turn to bright colors. Then they fall to the ground.

EL OTOÑO

En el otoño el aire se enfría. Las hojas verdes toman colores brillantes. Luego se caen al suelo.

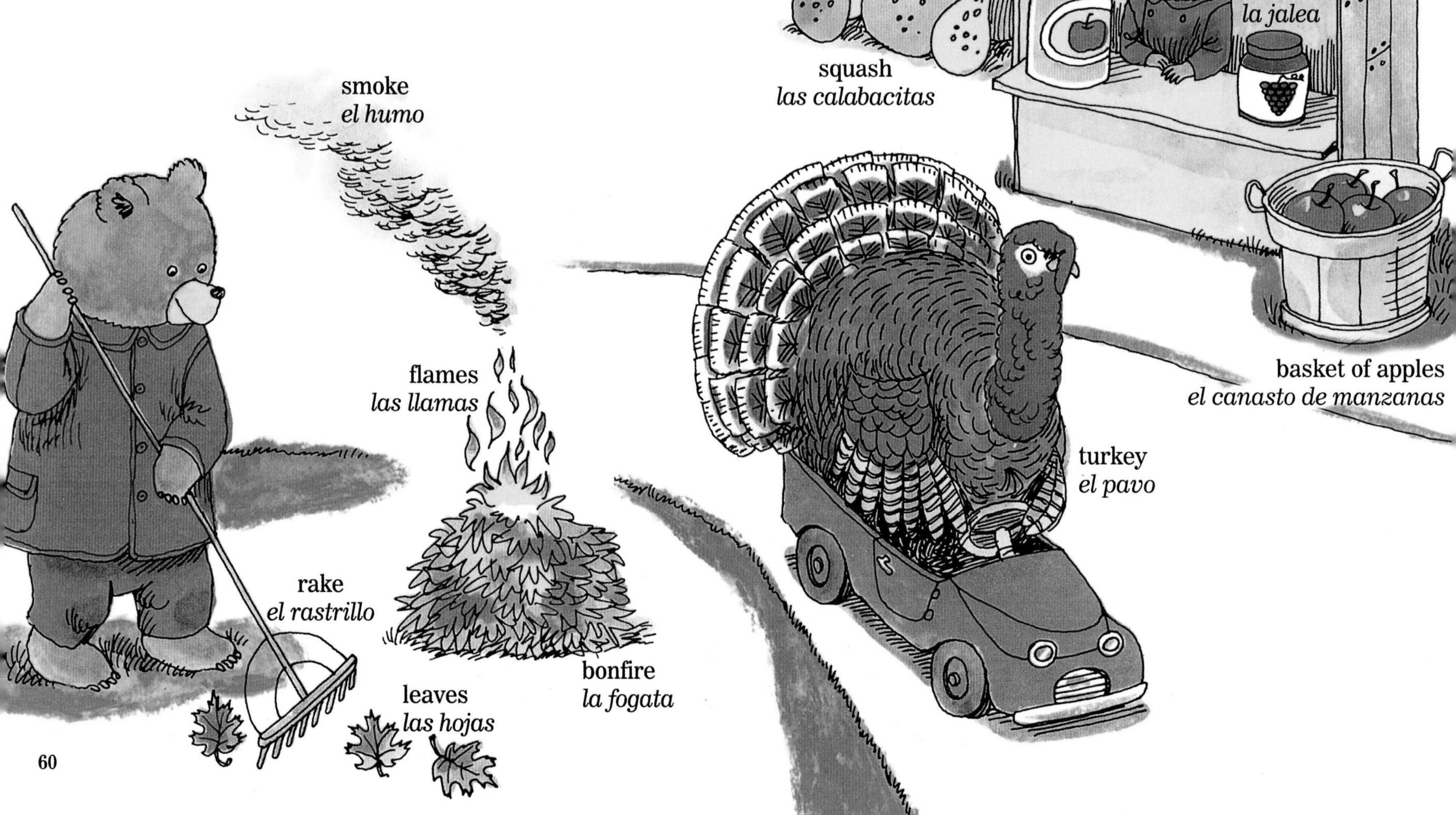

snowstorm
la tormenta de nieve
WINTER
There are many ways to have fun on the snow and ice. Maybe you would like to do all of them. Would you?
EL INVIERNO
Hay muchas maneras de divertirse en la nieve y en el hielo. Tal vez a ti te gustaría hacer todas estas cosas, ¿verdad?
sleigh
el trineo de caballos
icicle
el carámbano
fishing shack
la choza para pescar
sled
el trineo
skis
los esquíes
snow
la nieve
toboggan
el tobogán
ice fishing
la pesca en el hielo
ice-skating rink
la pista de patinaje sobre hielo
ice skater
el patinador sobre hielo
snowball
la bola de nieve
ice skates
los patines para hielo
hockey stick
el bastón de hockey
puck
el disco
spare tire
la llanta de repuesto
jeep
el jeep
scarf
la bufanda
snowplow
el quitanieve
snowman
el muñeco de nieve
a pig all wrapped up
un cerdito bien abrigado

LITTLE THINGS

Here are many little things. What little thing do you sometimes put on your bedroom wall?

COSAS PEQUEÑAS

Hay muchas cosas pequeñas. ¿Qué cosa pequeña pones a veces en la pared de tu dormitorio?

worm
el gusano

dandelion seed
la semilla de diente de león

button
el botón

spool
el carrete

thread
el hilo

fly
la mosca

ant
la hormiga

drop of water
la gota de agua

ladybug
la mariquita

bead
la cuenta

snowflake
el copo de nieve

pin
el alfiler

fingerprint
la huella digital

petal
el pétalo

mosquito
el mosquito

butterfly
la mariposa

fishhook
el anzuelo

crumb
la miga

bubble
la burbuja

peanut
el cacahuete

tack
la tachuela

pen point
la plumilla de la pluma

tea leaf
la hoja de té

gumdrop
la gomita

pea
el chícharo

caterpillar
la oruga

jelly bean
el bombón de gelatina

firefly
la luciérnaga

ring
el anillo

sand
la arena

blueberry
el arándano

moth
la polilla

rice
el arroz

polliwog
el renacuajo

keyhole
la cerradura

shell
la caracola

marble
la canica

blade of grass
la hoja de hierba

paper clip
el clip

cricket
el grillo

raisin
la pasa de uva

beetle
el escarabajo

raspberry
la frambuesa

thimble
el dedal

pincushion
el alfiletero

hermit crab
el cangrejo ermitaño

pebble
la piedrecilla

sea horse
el caballito de mar

bee
la abeja

mushroom
el hongo

pearl
la perla

ink spot
la mancha de tinta

confetti
el confeti

feather
la pluma

splinter
la astilla

bean
el frijol

safety pin
el alfiler de gancho

baby mouse
el ratón bebé

dot
el punto

PARTS OF THE BODY

Bears use their paws to pick things up. What do you use?

LAS PARTES DEL CUERPO

Los osos usan sus garras para recoger las cosas. ¿Qué usas tú?

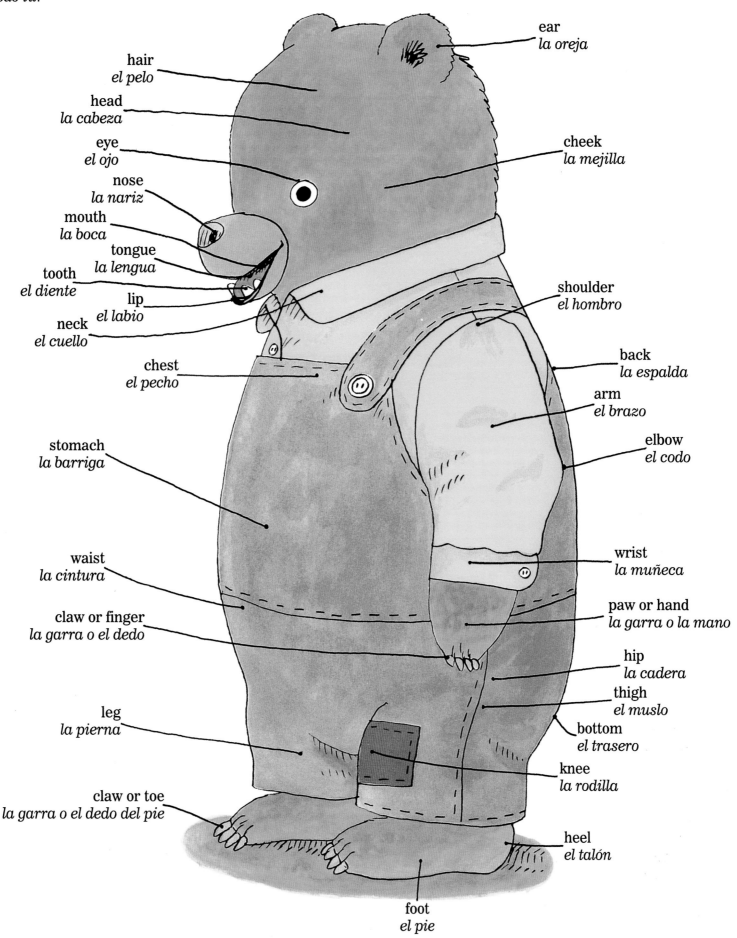

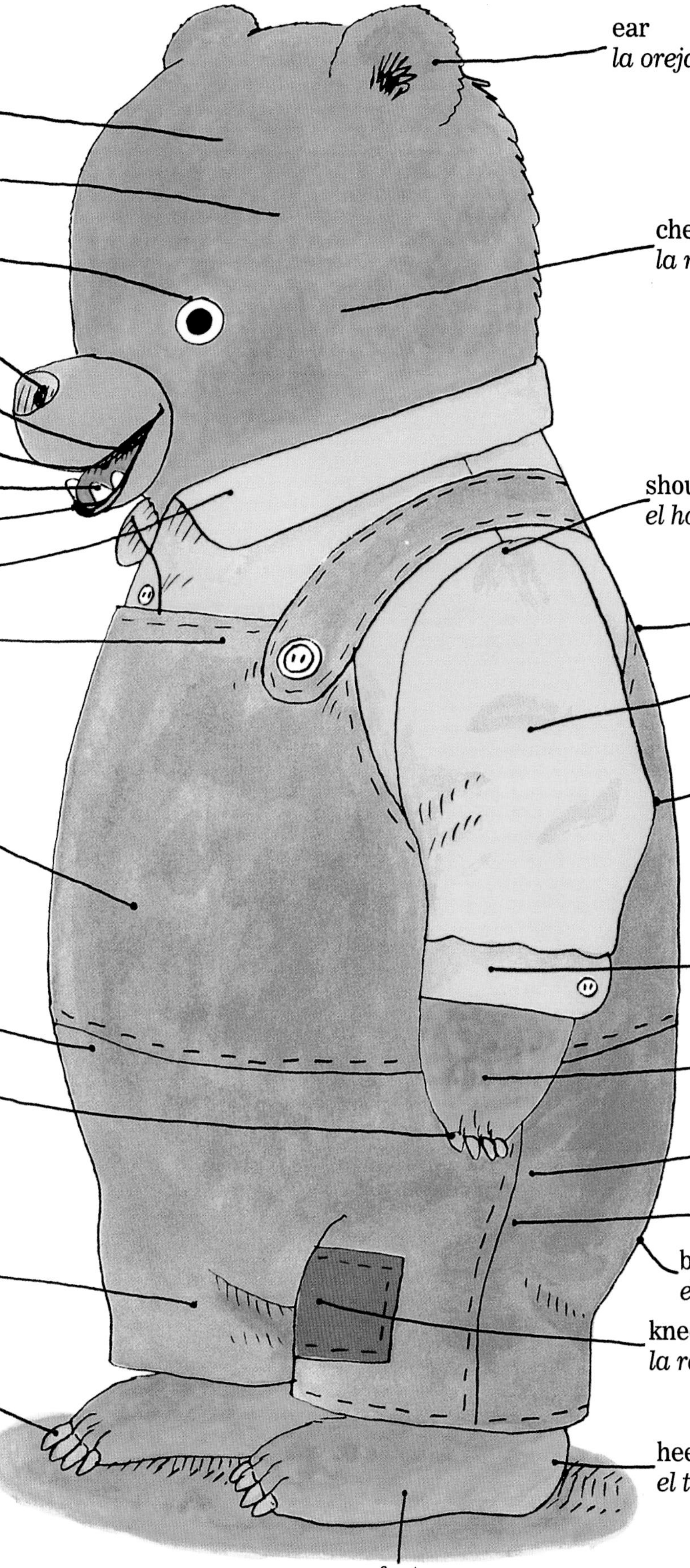

BEDTIME

Little Elephant is getting ready for bed. But who is that hiding under the bed? Find that rascal and tell her to brush her teeth and get ready for bed, too.

LA HORA DE DORMIR

Elefantito se está preparando para ir a la cama. Pero, ¿quién está escondida bajo la cama? Vé a buscar a esa pícara y dile que también ella se cepille los dientes y se prepare para ir a la cama.

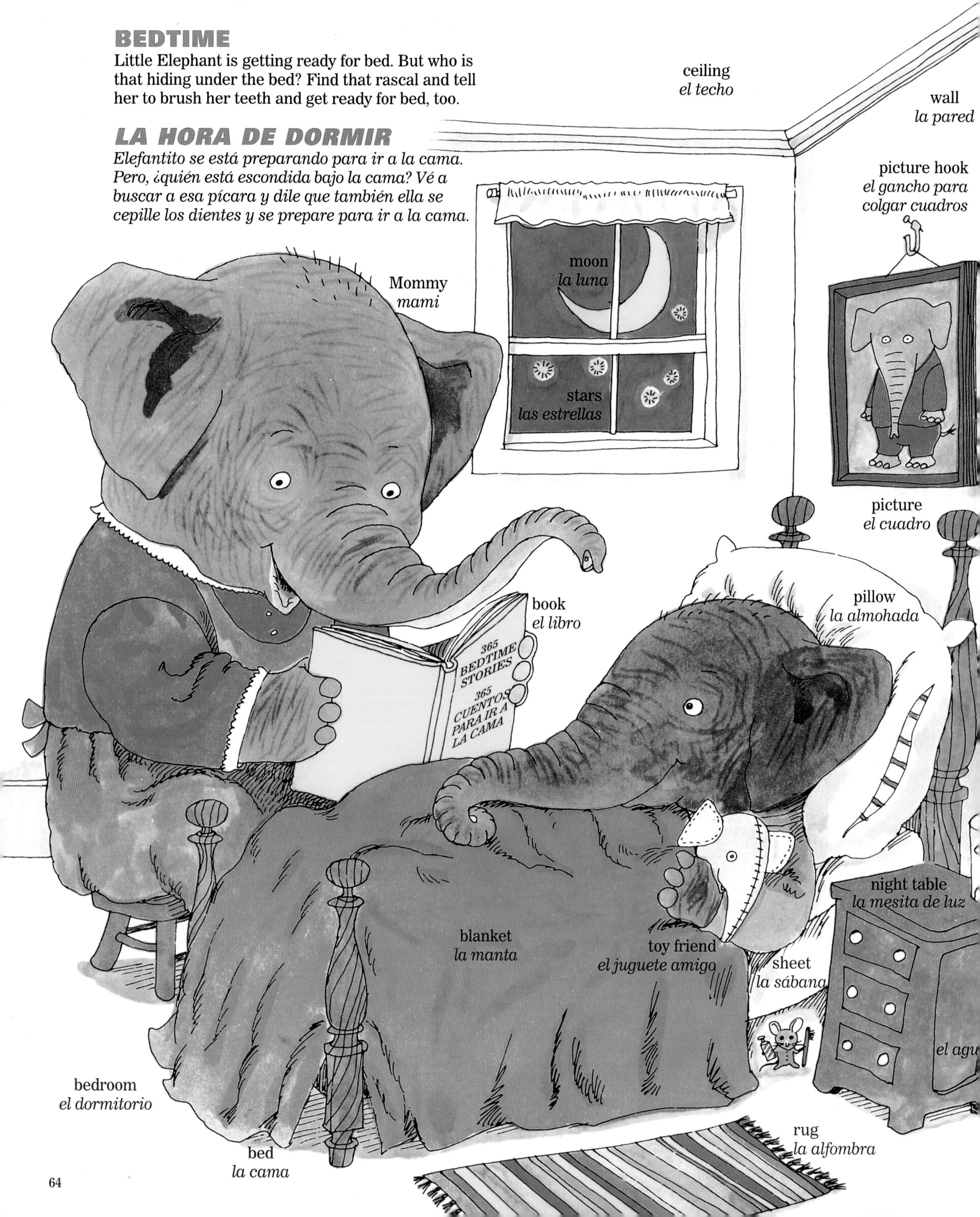

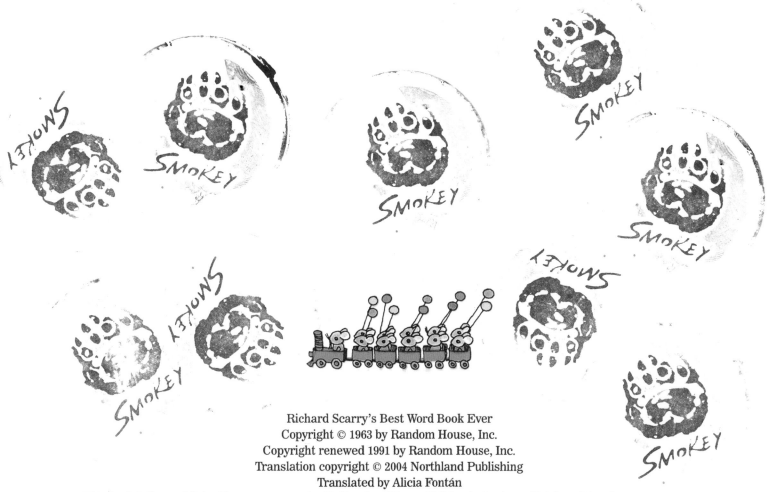

Richard Scarry's Best Word Book Ever

Translated by Alicia Fontán
This translation published by arrangement with Random House Children's Books, a division of Random House, Inc.

www.northlandpub.com

Composed in the United States of America

FIRST IMPRESSION, 2004
ISBN 0-87358-873-8 (HC)
ISBN 978-0-87358-873-7 (HC)
Printed in Huizhou,Guangdong, PRC, China June 2020
Cohort Batch I
Library of Congress Cataloging-in-Publication Data

Scarry, Richard.
[Best word book ever. Spanish & English]
Richard Scarry's best word book ever = El mejor libro de palabras de Richard Scarry.— 1st bilingual ed.
p. cm.
ISBN 0-87358-873-8 (hardcover) — ISBN 0-87358-874-6 (softcover)
1. Spanish language—Glossaries, vocabularies, etc.—Juvenile literature. I. Title: El mejor libro de palabras de Richard Scarry. II. Title.
PC4680.S33 2004
468.1—dc22
2004012110

NUMBERS

How high can you count? Can you count up to twenty ladybugs? I'll bet you can.

LOS NÚMEROS

¿Hasta cuánto puedes contar?¿Puedes contar hasta veinte mariquitas? Estoy seguro de que puedes hacerlo.

1 one whale
una ballena

2 two walruses
dos morsas

3 three piggy banks
tres alcancías

4 four bells
cuatro campanas

5 five grasshoppers
cinco saltamontes

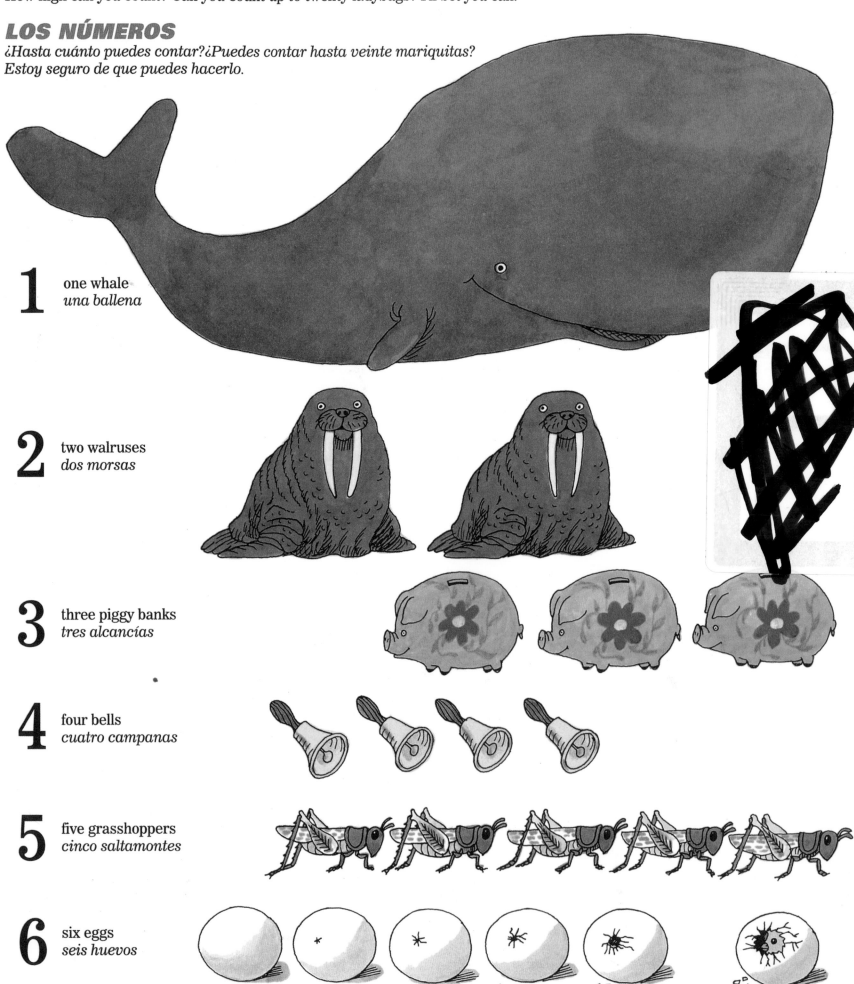

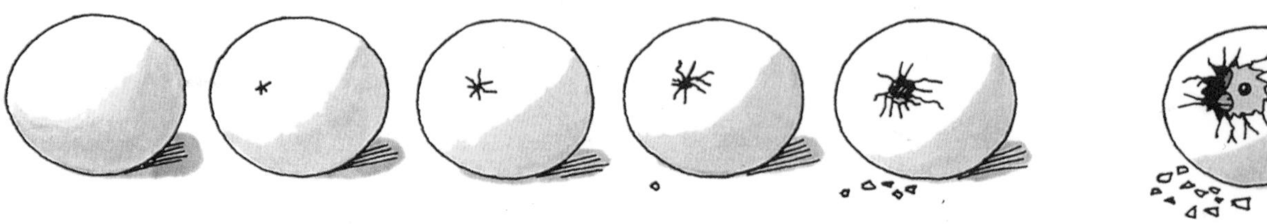

6 six eggs
seis huevos